"中国劳模"系列丛书

U0669951

中国劳模

穿梭于高压线上的"医生"

许启金

佟欣媛◎著

吉林出版集团股份有限公司
全国百佳图书出版单位

图书在版编目（CIP）数据

穿梭于高压线上的"医生"：许启金／佟欣媛著.
长春：吉林出版集团股份有限公司, 2025. 6. -- （"中
国劳模"系列丛书／徐强主编). -- ISBN 978-7-5731
-6135-2

Ⅰ. K826.16

中国国家版本馆CIP数据核字第2025NQ3716号

CHUANSUO YU GAOYAXIAN SHANG DE "YISHENG"：XU QIJIN

穿梭于高压线上的"医生"：许启金

出 版 人	于　强
主　　编	徐　强
著　　者	佟欣媛
组稿统筹	东北师范大学文学院创意写作研究中心
责任编辑	于　欢
装帧设计	张红霞

出　　版	吉林出版集团股份有限公司
发　　行	吉林出版集团社科图书有限公司
地　　址	吉林省长春市南关区福祉大路5788号　邮编：130118
印　　刷	唐山富达印务有限公司
电　　话	0431-81629711（总编办）
抖 音 号	吉林出版集团社科图书有限公司　37009026326

开　　本	710 mm×1000 mm　1／16
印　　张	9
字　　数	80千字
版　　次	2025年6月第1版
印　　次	2025年6月第1次印刷

书　　号	ISBN 978-7-5731-6135-2
定　　价	55.00元

如有印装质量问题，请与市场营销中心联系调换。0431-81629729

序 言

　　劳动创造财富，劳动创造幸福，劳动创造未来。习近平总书记在2020年全国劳动模范和先进工作者表彰大会上的讲话中指出："全社会要崇尚劳动、见贤思齐，加大对劳动模范和先进工作者的宣传力度，讲好劳模故事、讲好劳动故事、讲好工匠故事，弘扬劳动最光荣、劳动最崇高、劳动最伟大、劳动最美丽的社会风尚。"当今世界，综合国力的竞争归根到底是科技人才和高素质劳动者的竞争。改革开放以来，我们强大的工人队伍用辛勤的劳动和拼搏奉献的精神推动中国制造、中国智造、中国创造走向世界的前列，新时代的中国面貌日新月异。大力弘扬劳模精神、劳动精神、工匠精神，加强高素质技能人才队伍建设，打造一支宏大的知识型、技能型、创新型劳动者队伍，是伟大时代赋予我们的历史责任。

　　劳动模范是民族的精英、人民的楷模，是共和国的功臣。自改革开放以来，广大职工勇立改革潮头，独立自主，奋发图强，勇于创新，其中涌现出一批批全国劳模和大国工匠。他们参与建设了代表中国高度、中国速度、中国深度的一系列重大工程，提升了国家实力，打造了"中国名片"，树立了"中国品牌"，增添了"中国力量"，充分释放出工人阶级的创新活力，展示出大国工匠的强大创造力。他们以工人阶级的满腔热忱在各自平凡的工作岗位上取得了辉煌的成绩，书写了新时代的壮丽篇章。

爱岗敬业、争创一流、艰苦奋斗、勇于创新、淡泊名利、甘于奉献的劳模精神，崇尚劳动、热爱劳动、辛勤劳动、诚实劳动的劳动精神和执着专注、精益求精、一丝不苟、追求卓越的工匠精神，是广大劳动群众在社会生产实践中锤炼形成的弥足珍贵的精神财富，是工人阶级伟大品格的具体体现，是民族精神和时代精神的生动诠释。民族复兴需要劳动模范，祖国强盛需要大国工匠，中国制造、中国智造、中国创造更需要大国工匠的强有力支撑。劳模、工匠等的成长故事、先进事迹中承载的劳模精神、劳动精神和工匠精神，是激励全国各族人民团结奋斗、勇往直前的强大精神力量。

"中国劳模"系列丛书，采用图文结合的方式，讲述全国劳模、大国工匠和先进工作者们的成长经历及他们追梦、筑梦、圆梦的故事，用他们在平凡岗位上创造不平凡业绩的真实故事感染读者，推动形成劳动最光荣、劳动最崇高、劳动最伟大、劳动最美丽的社会风尚，引导广大技术工人和青少年形成劳动光荣、技能宝贵、创造伟大的观念。

"匠心筑梦，强国有我。"新时代是一个万象更新、生机勃勃的时代，也是一个继往开来、创新创业和建功立业的大时代。希望广大读者能以劳动模范为榜样，以大国工匠为楷模，立志技能报国、技术强国，踔厉奋发，勇毅前行，锤炼思想品格，汲取劳动智慧，勇于担当、勤于钻研、甘于奉献，为推进新型工业化和乡村振兴，为加快建设制造强国、质量强国、航天强国、交通强国、网络强国、数字中国、农业强国，全面建设社会主义现代化国家贡献青春力量。

中华全国总工会副主席（兼）

中国航天科技集团有限公司第一研究院

211厂14车间高凤林班组组长

2022年11月

扫码解锁

◉群英颂歌 ◉技术楷模
◉电网护航 ◉奋斗底色

传主简介

许启金，1963年6月出生于安徽省宿州市，曾任国网安徽宿州供电公司高压带电作业班班长，中共党员，曾荣获"全国劳动模范""全国技术能手""全国敬业奉献道德模范"等称号，荣登"中国好人榜"。

自1982年入职以来，许启金始终坚定"把小事做得圆满，做到极致"这一信念，在野外巡线、带电作业、创新发明、师徒传承等多方面不断取得新突破，谱写了电力行业的辉煌篇章。

1994年，许启金开始担任国家电网安徽省电力公司线路工区带电作业班班长。他不断钻研技术、积累经验，凭借着精湛的专业技能屡获佳绩，并逐渐走上了技术工人的创新之路。2010年，"启金工作室"成立，先后被授予"全国示范性劳模创新工作室""国家级技能大师工作室""中国长三角地区劳模工匠创新工作室"等称号，两次获得安徽省技能大师工作室人才培养成果奖，取得技术革新成果100多项，其中88项获得国家专利。

许启金不忘初心使命，充分发挥了党员的模范带头作用。2016年，他与全国知识分子代表、劳动模范和青年代表一起，受到习近平总书记的接见；2017年，走上党的十九大"党代表通道"，并在同年荣获"全国敬业奉献道德模范"称号；2018年，担任十三届全国政协委员，当选中国共产党安徽省第十届委员会委员、安徽省总工会十四届委员会副主席（兼职）；2019年，受邀参加庆祝中华人民共和国成立70周年大会；2020年，获评"首届江淮杰出工匠"；2021年，被授予第四届"中国质量奖提名奖"；2022年，担任北京2022年冬奥会火炬手；2023年，荣获第六届"安徽省人民政府质量奖提名奖"。

目 录

第一章 来时的路

扫码解锁

◉群英颂歌◉技术楷模
◉电网护航◉奋斗底色

有人说，年少的梦，像风，呼啸而来，呼啸而去。

对于许启金来说，年少的梦，像灯，温暖坚定，让他无惧黑暗。

这盏灯由这个少年亲手点亮，照亮了他前行的方向，点燃了他对未来的向往。

后来，许启金写下："不负春华常逐梦。独恋孤灯，书卷勤翻动。"真切表达了自己对知识的追求、对生活的热爱、对理想的追寻、对信念的坚守……他的勇敢和坚忍，自幼便有迹可循。

他一路走来，虽然曾头顶风雨、脚踏泥泞，但始终被年少的梦所照亮，于是一直昂首阔步，从未偏航。

长大后，我想成为你

"离离原上草，一岁一枯荣。野火烧不尽，春风吹又生。"唐代诗人白居易笔下的"离离"有一说是指其青少年时期的居住地——符离，也即如今的安徽省宿州市符离镇。

这个清幽恬静的小镇因其北有离山、南产符草而得名。这里，便是许启金的故乡。

符离镇不仅承载了许启金童年的记忆，更培养了他"原上草"般百折不挠的精神。

许启金幼时住在符离镇教育街上，家里有奶奶、父亲、母亲、一个哥哥、一个弟弟（另一个弟弟和一个妹妹在农村出生）。一家人住在两间茅草屋里，对面是一间小厨房。日子过得虽不宽裕，但家庭的温暖让年幼的许启金有一个快乐且幸福的童年。

在许启金的记忆里，奶奶在街上摆了一个茶水摊；母亲在街道打零工；父亲有捕鱼的手艺，是家里的顶梁柱。那时，年幼的许启金每天都盼着父亲能多捕些鱼，再顺利把鱼卖掉，买个白面馒头回家给他吃。晚饭时刻，是年幼的许启金最期待的时刻，忙碌了一天的一家人卸下疲惫，围坐在一起，亲切交谈、其乐融融，不仅填饱了肚子，还填满了心灵。

许启金的父亲虽然只上过两年私塾，但算盘打得好，还会撒网捕鱼，是幼时许启金心目中的能人。正可谓："授人以鱼不如授人以渔。"父亲不仅会教他一些捕鱼技能，和他一起制作玩具，锻炼他的动手能力和探索精神，还常常引导他不要害怕困难、要勇于尝试。这种乐观向上的精神深深地影响着许启金，使他从小就根植了迎难而上、永不言弃的信念。

许启金喜欢和父亲相处。平日里，父亲处事严谨、为人豁达，有智慧、识大体，遇事心态乐观、能够积极应变。父亲是他幼时的精神导师，也是他的好榜样。父亲的言传身教对许启金的影响很深远。受父亲的影响，许启金从小便立志要做一个不断超越自我、追求卓越的"能人"。

那时，年幼的许启金常常握住父亲的手对父亲说："长大后，我想成为你。"

父亲总是用温暖的大手摸摸他的头，望向他的眼神中充满了赞许与期望。

日夜更替，四季轮转，许启金逐渐成了幼时自己期待的模样。在之后的日子里，他常怀梦想并敢于追寻梦想，乐于钻研并对生活充满热情，书写出了自己的故事，闯出了自己的一片天地。

离离之离，开启求学路

正因为有了别离，所以才有了故乡。

1967年的秋天，许启金的父母响应国家号召，去往农村。四岁的许启金跟随父母离开了他一直生活的符离镇，投奔了他的姑姑。

许启金的姑姑住在安徽省淮北市濉溪县马桥公社军王村。村庄背靠一座光秃秃的石头山，山涧有泉水，村西面还有一条长长的河，也算是依山傍水、风景秀丽。

许启金对新生活适应得很快，还结识了一群朴实善良的小伙伴。

下雨的时候，他们常常到山涧的一个泉眼附近嬉戏玩耍。那里的泉水很清澈，烧开后没有水碱，村民习惯叫它"老泉窝"。山涧中传来孩子们的欢声笑语，伴着邻里乡亲偶然碰面时的闲谈，整个村庄都弥漫着融洽与欢悦的氛围，仿佛是一个温暖的大家庭。

天热的时候，许启金和小伙伴们就去村西面的河里戏水。阳光炙烤着大地，河水清澈见底，他们乐此不疲。

河的旁边是一片广阔的平原，平原上有一所村办小学，叫军王小学，孩子们常常听父母说"这就是你们以后读书的地方"。最开始，小学里只有三位教师。后来，又有两人加入了教师队伍。当时，农村的教学条件很艰苦，教室是茅草房，课桌是土坯块。风雨交加的时候，老师和学生们常常提心吊胆，随时准备在教室里修修补补。教室里没有椅子，学生们上课要自带小板凳。有的学生就从教室外搬来石头当椅子，有时干脆席地而坐。

由于师资力量的不足和配套设施的短缺，孩子们只能在这里度过小学阶段最初的四年，等到五年级，他们就不得不转学到邻村的周圩小学。在周圩小学，教室里有了课桌和椅子。

在这里，许启金开启了自己的求学之路。

条件的艰苦从未打消他学习的热情，简陋的茅草屋于他而言是学习的殿堂。知识如同一泓清泉，许启金从中汲取着养分，也由此萌生了获取更多知识的渴望。

他在学习中成长，在学习中坚定自己的志向，也梦想着有朝一日能够通过持之以恒的学习和坚持不懈的努力，去到更远的地方。

穿越时空，得偿所愿

许启金小时候很喜欢跟着父母到城里的亲戚家串门。在他的印象中，那里不仅有好吃的食物和款式多样的玩具，还有他平时少见的新奇事物。

一次，母亲带着许启金到城里的姨妈家做客，姨妈家的拉线电灯引起了他的好奇心。他抬起头，目不转睛地仰望着头顶上的灯泡，一下一下地拽着手里的电灯拉线绳，看着灯泡明明灭灭。

姨妈见状及时制止了他的行为，并向他解释道："反复开关电灯不仅会浪费电，还容易导致电路出现故障。我们要节约用电，保护能源。"

"嗯！我知道了！"许启金似懂非懂地点了点头，还默默地记下了姨妈的教导——要节约用电，保护能源。

与电灯的初次"见面"与"互动"让年幼的许启金久久不能平静，他心中充满了对电灯的好奇。从那时起，一个念头便在他的脑海里深深扎根，挥之不去：我要是能在亮堂堂的电灯下看书、写字，该有多好呀！

年幼的许启金对电灯的渴望在看书、写字时达到顶峰。当时，农村还没有电，许启金晚上看书、写字时只能点一盏煤油灯。灯光昏暗而摇曳，烟灰四处飞扬，伏首案前的他，鼻孔里总是黑乎乎的。

有天晚上，他照旧点着煤油灯学习，忽然觉得头顶热乎乎的，便对旁边做针线活的母亲说："娘，我的头怎么这么热？"说话间，目光也没从书本上移开一瞬。

母亲闻声抬头扫了他一眼，顿时大惊失色："呀！你的帽子烧着了！"说着，母亲便赶紧冲过去，想要解开他的棉帽系带。可帽带系了一个死结，怎么也解不开。母亲只好迅速拿起一把剪刀，将帽带剪断，母子俩这才松了一口气。

"以后再写字，头不能离油灯这么近，知道吗？"

"嗯，知道了。"

"要是能在亮堂堂的电灯下看书、写字就好了！"年幼的许启金在心里一遍又一遍地期盼着。那时的他简直无法想象，在农村电力经历了漫长而艰辛的发展后，终于有一天，家家户户把煤油灯收进了抽屉。

现如今，孩子们在亮堂堂的电灯下尽情地看书、写字早已经成了生活常态。彼时，在小小的许启金眼中，那个大大的愿望，终于在多年后得偿所愿，并由此迸发出了无限的希望。

集体中的"主心骨"

从小到大，许启金的身上仿佛有一种魔力，总是会让他身边的人不自觉地信任他、围绕着他，使他成为集体中不可或缺的核心力量。事实上，这种魔力是自幼便根植于他心中的责任心和凝聚力。

小时候，许启金是小伙伴们心目中的孩子王。许启金的童年生活虽然在物质上是匮乏的，但是在精神上却是十分富足的。父亲时常鼓励他勤动手、多思考，由此培养出他出色的动手能力和创造力。

当时，许启金的玩具都是自己动手制作的，并且他十分乐于将这些玩具和小伙伴们分享。不仅如此，他还经常应小伙伴们的要求，给他们做玩具。他把木块削成刀、剑的模样，把树条做成弓，用竹筒制作抽拉式水枪，当作"武器"和小伙伴们玩你追我赶的游戏；他用山上挖来的泥巴做成泥哨，放在火上烧硬后，给每个小伙伴都发一个；他与同村的小伙伴们一起推着自制的铁环，追着、跑着去上学……

许启金自制的玩具虽然很简单，但很受小伙伴们的喜爱和欢迎，给当时的他们带来了千金不换的快乐回忆。年幼的许启金很是乐在其中，并由此获得了前所未有的自豪感与成就感。于是，在闲暇之时，许启金便搬个小板凳到屋外，更加卖力地研发新玩具。每次看到符合心意的原材料，他都像发现宝藏一样捡回来，即使是废弃的木头，也能在他的手里被打造成各种玩具。他一点点儿地削去木头多余的部分，直到木头呈现出合适的形状。即使自己的手已经伤痕遍布，他还是耐心地打磨掉木头上的小毛刺直至表面平滑，以防木刺扎到其他小伙伴的手。当然，这也是源自他与生俱来的精益求精的态度。

时间久了，小伙伴们看到许启金埋头苦干的身影，便赶忙围过去，争着抢着要做第一个试玩的人。

上学后，许启金是同学们心目中的好榜样。从小学一年级到初中毕业，他每个学期都能得到一张"三好学生"奖状。每每得了奖状，他总是迫不及待地想和父亲、母亲分享喜悦，放学都是跑回家的。街坊四邻看见许启金抱着奖状一溜烟儿地飞奔回家的身影，纷纷感叹"启金可真是个好孩子啊！"

他气喘吁吁地推开门，就看到父母熟悉而亲切的面孔，于是急忙把奖状展示给父母看，随之而来的是毫不吝啬的称赞，那是让他一往无前的动力。父亲、母亲总是会把奖状看了又看，然后仔仔细细地贴到墙上。渐渐地，一张张奖状在茅草屋里排列出了"荣誉墙"，让低矮的茅草屋也显得高大起来。

许启金的学习生涯是在军王小学开启的，他在那一直读到了四年级。虽然师资力量薄弱、学习环境艰苦，但他聪明勤奋，也肯吃苦下功夫。老师布置的作业，他总会超额完成，让他写一行，他总是写满一页。作业本上的字迹工工整整，总是得到老师留下的"好""很好""漂亮"之类的批语。许启金学习成绩一直名列前茅，同学们都把他当作学习的好榜样，从一年级开始便选他当班长。

许启金要读五年级的时候，转学到了周圩小学。他在这里可以一直读到初中毕业。许启金的学习成绩好、组织能力强，又能够团结同学，于是在新学校又顺理成章地当上了班长。

周圩小学坐落在一个比较大的村庄——后周圩子，校园很久以前是一个大地主的院子。从军王小学转来的同年级同学有十名，新学校离许启金和这些同学的家很远，大概有五里路，路上还有一片林场和坟堆，那里显得阴森可怕。于是，许启金组织同学们上下学结伴而行。大家都知道，许启金是个在学校内外都尽职尽责的好班长。

从玩伴们心中的孩子王，到同学们心中的好榜样，年幼的许启金不仅是小伙伴们最称职的玩伴，更是小伙伴们最坚实的依靠。由于年龄的增长和经历的丰富，在学校和父母的教导下，许启金逐渐具备了敢于吃苦、勇于担当、乐于奉献的良好品质。

从小到大，许启金总是在集体里担任"主心骨"的角色，大家无条件地信赖他、崇拜他。于他而言，这不仅是一种莫大的荣誉，更意味着一份沉甸甸的责任。这份责任感成了敦促他一路前行的强大动力，伴随着他慢慢长大。他经受了时间的洗礼和考验，将越来越多的责任牢牢地扛在了自己的肩上。

从英雄模范事迹中汲取精神力量

许启金从小就崇拜英雄，仰慕劳模。电影和书籍中的英雄模范事迹让他感受到了英雄们的勇敢与坚毅，也感受到了劳模们的无私和执着。英雄模范身上的人性光辉让他肃然起敬，也让他感动不已。他为之深深震撼，并从英雄模范的事迹中汲取了巨大的精神力量。

当时，农村的娱乐活动很少，举办起来很不容易。最声势浩大的娱乐活动是一个月左右放映一次的露天电影，要靠放映员不停地蹬自行车式发电机发电后才能放映。

许启金很喜欢看电影，就连邻村放电影他也一场都不落。对他而言，每个月能看场电影像是对他这一个月以来好好学习的奖励。所以，他每个月都掰着手指头数日子，天天盼着放映队到来。估算着放映队快来了，他就开始开心，越是临近放映，就越是欣喜不已。

每次放映队来了，许启金都会早早地到放映场占个位置。他依稀记得，他看的第一部电影是《草原英雄小姐妹》，而《地雷战》《地道战》《平原游击队》更是不知看了多少遍。许启金常常在心中反复回想着这些英雄故事，感叹着他们究竟肩负了何等责任，付出了何等努力，经受了何等锤炼，才得以练就如此坚毅的心性。

随着年龄的增长，许启金对英雄模范事迹的了解渠道便不再局限于电影，还来自他阅读的大量课外书籍。初中时期是他阅读课外书籍最多的阶段，这段时间他看课外书甚至可以说达到了痴迷的程度。每天晚上，他看到眼皮直打架也不舍得睡，把脸洗一洗就继续读下去，有时甚至会不知不觉就熬了个通宵，不知东方之既白。

《钢铁是怎样炼成的》是许启金在学生时代最喜爱的书，那句"我的整个生命和全部精力，都已经献给世界上最壮丽的事业——为人类的解放而斗争。"让许启金感悟到了生命的意义，他意识到要塑造自己钢铁般的意志。

英雄烈士和劳动模范的事迹时时在许启金的脑海里萦绕。黄花岗七十二烈士、狼牙山五壮士和李大钊、杨靖宇、方志敏、张思德、董存瑞等英雄烈士用青春和热血筑起了一座座不朽的时代丰碑，许启金在阅读中体会到了他们对理想信念的执着追求，对初心使命的执着坚守；王进喜、郝建秀、雷锋、焦裕禄、时传祥等劳动模范、最美奋斗者用汗水与智慧在平凡的岗位上书写了一卷卷动人的传奇故事，许启金在阅读中体会到了他们对本职工作的不懈进取、对高尚情操的笃定坚持。

许启金将英雄模范们的感人事迹时时铭记在心，也不忘践行英雄模范们无私奉献的精神。自孩童时期起，他便总是尽己所能地将温暖和希望传递给他人。长大后，他积极参与爱心公益活动，用实际行动回报社会，希望以自己的微薄之力帮助更多需要帮助的人。同时，他也真心希望能因此而带动身边更多的人投入爱心公益活动，让社会更有温度。

英雄模范事迹给予了许启金明灯般的指引，陪伴了他的成长，也见证了他的成才，让他有了民族自豪感，有了理想信念，有了不屈意志，有了责任担当，更有了取之不尽、用之不竭的精神力量。

家里的小"能人"

在年幼的许启金眼里，父亲是个聪明能干、积极乐观的"能人"。父亲很有担当，是家里的顶梁柱，他的言传身教让许启金从小就自发地帮助家里做一些力所能及的事情，帮家人们分担生活压力。他从小事做起，慢慢地，他能做的事越来越多、越来越好，成了家里名副其实的小"能人"。

当时，农村里劳动所获的报酬以工分计算。这就意味着谁家干的活儿越多，挣的工分就越多，日子就能过得宽裕些。那时，每户都有割青草的任务，按重量记工分。为了帮家里多赚些工分，许启金经常在课余时间帮家里割青草，有时还要到庄稼地里帮着干活儿。

许启金读初中的那三年，每学期的学费大概是三五块钱。虽然不算多，但对于本就拮据的许家而言，同时供好几个孩子生活、学习，还是很大的经济负担。

于是，初一那年暑假，正值燥热难耐的时节，许启金决定跟着父亲去炸油条攒学费。他们每天凌晨便起床，和面、揉面团、擀面饼、切条、油炸……每个步骤许启金都会参与。他的学习能力和动手能力很强，没过几天就可以很麻利地炸出金黄酥脆的油条。油条下锅后在热油中发出噼里啪啦的烹炸声，浓郁的香味在空气中蔓延，和油条一同升腾起来的是他的成就感、责任感和对生活的憧憬与希望。许启金和父亲连续出摊了二十多天，他饱尝了赚钱的不易，终于攒够了他和弟弟、妹妹三个人整个学期的学费。

到了初二的暑假，许启金偶然得知蝎子作为一味重要的中药材在市场上很受欢迎，便又想到了赚钱的新法子——上山捉蝎子换钱。于是，他开始每天上山捉蝎子，装满了一玻璃瓶，他就心满意足地下山，拿到中药店换钱，补贴家用。

对他来说，这是个充满危险但新鲜感十足的挑战。蝎子往往藏匿于山间的土石之下，行动敏捷且具有很强的防御意识。一开始，许启金缺乏经验，捉蝎子的过程可远称不上顺利。石板被他猛地掀开，受惊的蝎子便开始迅速四处乱窜，吓得他慌了神，他不仅常常让蝎子从眼前溜走，双手还没少被蝎子蜇。被蜇了的地方又疼又肿，但他回家后从不喊疼，只是默默地打一桶冷水，然后把手浸进去，等手被冷水冰得发麻了，疼痛才会稍有缓解。当然，这种简单的处理对疼痛的缓解只是暂时的。但无论如何，他都不会耽误第二天继续上山抓蝎子。许启金爱动脑筋且动手能力强，没过多久，他便"自主研发"出了捉蝎子的小工具——用竹筷子和棉线自制的简易夹子。有了工具，许启金捉蝎子开始得心应手起来，到了后来，简直是一夹一个准。

初三那年暑假，许启金和很多同学一起割青草攒学费。骄阳之下，他们全力挥舞着锋利的镰刀，汗水顺着脸颊不断地往下流，他们偶尔抽空抹一把汗水，便继续手里的工作。老师看着这帮孩子忙碌的身影，早已读懂了他们未曾言说的焦虑。在老师眼里，孩子们那颗渴望凑足学费继续读书的心比炙热的太阳还闪耀。于是，老师发自内心地想要帮他们一把。在老师的引导下，他们割完草就背到学校操场上，将青草过秤、翻晒，晒干后就拉去草料收购场出售。那一年，好多同学都是这样凑齐了学费。

初中三年，许启金的生活很精彩。他经历了很多，也成长了很多，重要的是，他终于如愿踏进了高中的校门。

步入高中阶段，崭新而又未知的一切让许启金有些忐忑，更多的还是期待。他适应能力强，很快便适应了新环境，也迅速和新同学们打成一片。然而，他还是遇到了一个困扰他的问题，那就是学校离家更远了，由此带来了更多不便。

为了让许启金吃上热乎乎的早饭，精力充沛地去上学，母亲每天在公鸡报晓时分就起床为许启金准备早饭。许启金向来心思细腻，母亲的辛苦他都看在了眼里。他不忍心看母亲这么操劳，便决定早早起来，自己准备早饭。

于是，天还没亮，许启金就起床了。洗漱完毕后，他轻手轻脚地来到了厨房，以免吵醒还在睡梦中的家人。他打算给家人们一个惊喜——煮一大锅香喷喷的面疙瘩，让他们一起床便能吃到热腾腾的早饭。说不定，家人们还会夸夸自己的手艺。这么想着，许启金心里美滋滋的。

想起来容易做起来难。意想不到的是，好好的一锅面疙瘩愣是煮成了一锅面糊糊。当他正对着这满满一大锅面糊糊不知如何是好的时候，家人们陆续醒了。家人们循着窸窸窣窣的声响和似有似无的食物香味来到了厨房时，看到了这一幕，大家简直哭笑不得，许启金看着一大锅面糊糊，自己也不好意思地笑出了声。

平日里，临上学前那段短暂的、让他手忙脚乱的时间，却仿佛在这一天被拉得很长。锅里煮着的面糊糊快熟了，热腾腾的，发出咕噜咕噜的响声，伴着大清早整齐围聚在炉灶前的一家人的谈笑声，让人心里温暖得直冒泡。厨房玻璃上氤氲着微微的水汽，屋外的场景已看不太清，但屋子里这平常却特别的一幕，已深深地刻在了许启金的脑海里，至今都带着声音、色彩和温度。

在成长的每个阶段，许启金总是有着远超同龄人的成熟与担当。不知不觉中，这个家里的小"能人"一路成长，逐渐成了国家的栋梁。

虽未能至，心向往之

尽管对生活有着无尽的幻想与期待，但许启金在高中时期还是尝尽了事与愿违的滋味。

许启金的高中是在濉溪县马桥中学读的，学校离家有十八里路。学校不提供住宿，家里也没有自行车，所以他每天上下学都要步行。雪上加霜的是，许启金的身体出现了问题。他的腿上先是出现了红点，慢慢地，红点变成了紫斑，再后来，他连刷牙都会出血。有人说这是营养不良和贫血造成的，也有人说这是得了白血病。

父母为此寝食难安，带着他四处求医，可医生们也没有确切的诊断。后来，一位老中医说，这种病症没有什么立竿见影的好办法，但多吃些甲鱼、鳝鱼对补血有作用，或许会缓解病情。

听了老中医的建议，许启金的父亲就在院子里建了个水泥池子养甲鱼，又买来了两个大缸养鳝鱼。从此以后，父亲捕来的甲鱼和鳝鱼就留着给许启金补身体，再也不卖给别人了。

为了给许启金补充营养，母亲每天早晨都给他冲一碗鸡蛋茶，还会在饭盒里放上鳝鱼段，让他带到学校放在蒸笼里温着，等到午饭时拿出来吃。那时，这已经算是一顿很丰盛的午饭了，弟弟和妹妹都享受不到。父母的关怀，许启金都默默记在心里，这于他而言是一种幸福，但他也在心底里觉得自己给家里添了负担而隐隐地感到愧疚。

然而，即使注重了补充营养，家校之间的遥远路程和学习的压力仍让许启金的身体不堪重负。就这样在马桥中学度过了艰难的一年后，许启金不得不作出了转学的决定。

许启金新转入的古饶中学较之前的马桥中学离家近了不少，但也有足足八里地。随着时间的推移，许启金的身体越来越不好。尽管如此，他每天上下学依旧要靠步行，因为体力不支，他通常要在路上歇两到三次。

这时，一个消息犹如晴天霹雳——父亲不能随便外出捕鱼了。这就意味着，用来给许启金补身体的甲鱼和鳝鱼没得吃了。

饭盒里的鳝鱼段只好换成了切成片、撒上盐的窝窝头。许启金深知父母的不容易，也不愿让同学们看见自己的窘迫。于是，午饭时间他便总是独自躲在操场边一个大沟里吃自带的饭。

身体不好，营养也跟不上，许启金的记忆力衰退得特别厉害，学习也变得越来越吃力。为了顺利参加高考并争取考出最好的成绩，许启金决定自愿留级，高一便又读了一年。只可惜造化弄人，终究事与愿违。许启金的身体每况愈下。

然而，时光从不曾为谁停留，转眼间，高考临近。本应住校全力备考，许启金却整天晕乎乎的，不仅很难集中精力学习，更是无法和同学们一起住校，每天都要回家吃药、打针。

1980年，许启金高中毕业了，却没有如愿踏进大学的校门。

虽未能至，心向往之。

许启金说，直至现在，他仍会偶尔梦到自己围着大学高高的围墙转来转去，却怎么也找不到校门……

无论往哪个方向都是向前

也曾失意，也曾迷茫，但好在人生是旷野，而非单向轨道。只要有重新出发的勇气，无论往哪个方向都是向前。

1981年秋，许启金一家再次回到了老家符离镇。老家的房子在几年前就已经为了补贴家用而卖掉了，卖得很便宜，只换了六百块钱。这次回来，一家人没有了住所，只能投奔许启金的舅舅。舅舅家不富裕，许启金一家就在附近搭了个简易的临时住所。其实也只是个很简陋的棚子而已，连遮风挡雨都谈不上，好在离舅舅家很近，也算有个照应。

多年后重回故土，这片土地已经有了翻天覆地的变化。为了尽快回归正常生活，一家人努力适应着这熟悉又陌生的一切，每天四处奔波，想快点找个新营生。

　　符离镇以其适宜的气候、优质的水土和良好的光照条件，为众多野生动物提供了理想的天然栖息地。当时，这片土地上的野鸡特别多，经常成群结队地出没，被当地居民擒到家饲养，并逐步驯化成了符离麻鸡。符离镇的气候温和湿润、日照充足，使得符离麻鸡生长得非常健壮，肉质紧实。同时，优质的水土条件使得符离麻鸡的肉质十分鲜嫩。加之符离地区独有的饲养技术和经验，让符离麻鸡的品质得以保证。以这种土麻鸡为原料烧制而成的"符离集烧鸡"的肉质酥烂又易于脱骨，鸡肉紧致而不会过于柴硬，肉质肥美但不腻口。津浦铁路贯通南北，途经符离镇，带来了大量客流，有助于"符离集烧鸡"知名度和美誉度的提升。很快，这种烧鸡便凭借其绝佳的口感和独特的风味远近闻名，和德州扒鸡、道口烧鸡、沟帮子熏鸡并称为"中国四大名鸡"。

　　许启金的父亲发现了商机并紧紧抓住。他聪明能干，很快就学会了卤烧鸡。

　　为了帮家里分担压力，许启金也尽快调整了状态，不再沉溺于大学梦，而是和表弟一起带着烧鸡到列车上去卖。许启金不善言辞，也不好意思大声吆喝。于是，两人商量过后决定，由表弟负责叫卖，而许启金负责提篮子、算账。

日子久了，顾客们发现这两个年轻人很实在，一看就是凭着良心做生意。他们售卖的烧鸡不仅鲜嫩多汁、香气四溢，而且价格实惠，只卖一元八角一斤。于是，人们对他们很认可。

渐渐地，在兄弟俩这种良心卖家的苦心经营下，"符离集烧鸡"的口碑有所提升，可谓成了符离镇的一张名片。市场打开了，物价水平整体都受到了影响。没过多久，一元八角的价钱到市场上已经买不来一斤未经加工的鸡肉了。

为了不做赔本买卖，许启金和表弟只能硬着头皮把烧鸡的价格改为三元多一斤。当时，有些人还没能对物价的普遍上涨持理性态度，便开始说这两兄弟在哄抬物价。有的人看他们还都是小孩模样，便摆出家长的架子教训起他们来。一个人说了，周围人都跟着起哄。

兄弟两人没什么社会经验，面对着周围人的七嘴八舌，心急得不行。他们一遍一遍地解释着，却通通被淹没在嘈杂的质问声中，兄弟二人很是无助。

许启金把表弟护在身后，他一只手紧张地抓着衣角，把衣角都攥得皱皱巴巴的，另一只手紧紧地抓着装烧鸡的篮子，手指下意识地用力摩挲着提手，好像这样便能缓解心里的不安一般。他嘴笨，但还是想帮表弟多分担一些"火力"，于是张口竟作起了"检讨"。有几个人看他们这副难堪的模样，觉得欺负他们还挺好玩，反而变本加厉起来。

看热闹的人越来越多，把他们层层包在了中间。两人又委屈又无助，只觉得百口莫辩，眼睛都开始微微泛酸，险些要落下眼泪，只好低下了头，强忍着眼泪，再也不作声。

看着两个少年一副笨拙却真诚的样子，周围终于有人看不下去了，开始替他们打抱不平。刚刚还在出言不逊的人也知道言行不当，有些不服的又小声叨咕了几句便默默走了。看热闹的人群也终于慢慢散去。

"我们走吧。"过了好一会儿，许启金碰了碰表弟的胳膊，艰涩地开口说道。

表弟默默地点了点头。

两人一前一后地离开了。

如此尴尬的处境并没有持续很久。过了一段时间，人们便慢慢认识到，一元八角一斤的烧鸡在市场上已一去不复返了，而此番物价上涨也并非个人操控导致的。如此一来，两兄弟卖的烧鸡三元多一斤的价格也只是为了不亏损而被迫做的调整，放眼整个市场来看，依然是很实惠的定价。特别难得的是，他们并没有为了压低成本而有一丝一毫偷工减料。

虽说价格上涨了，但购买符离集烧鸡的热潮丝毫没有减退。在人们的口耳相传下，越来越多的旅客途经符离镇时总要买几只烧鸡回家分给亲朋好友品尝。甚至有人认准了许启金和表弟两个人卖的烧鸡，觉得他们值得信赖，便专门找他们购买。一段时间下来，兄弟俩收获了不少回头客，把这个小生意经营得很不错，一天能挣几十块钱。

如此，否极泰来，日子总算有了起色。

扫码解锁
◎群英颂歌◎技术楷模
◎电网护航◎奋斗底色

第二章　将平凡化为非凡

扫码解锁

◉群英颂歌 ◉技术楷模
◉电网护航 ◉奋斗底色

平凡是生命的常态，而非凡是人生的追求。

"如果我没有能力做大事，那么就怀着大爱做小事，把小事做得圆满，做到极致。"许启金这样说。

正是在这种强大内驱力的推动下，许启金从本职工作做起，从平凡小事做起，怀着为事业与祖国奉献终身的信念，脚踏实地走出了自己的非凡之路。

他用平凡的行动让百姓们用上了电，用非凡的事迹让人们看到了光。

载梦启航

1981年10月，机遇以不可预知的模样降临了。宿县地区机关、企事业单位发布了改革开放以来第一次面向全社会的招工公告，有供电局、粮食局、物资局、化肥厂等十三家单位。

"得到消息时，已是报名期的最后一天了。"提起那天，许启金仍能清晰记得，他卖完烧鸡，拿着户口本狂奔着去报名的场景。

"我要是能在亮堂堂的电灯下看书、写字，该有多好呀！"多年以来，许启金对自己年幼时对于电灯怀有的渴望与好奇仍铭记在心，曾经那份稚嫩的热忱从未被他抛之脑后。

就这样，他毅然决然地选择了供电局。那次，供电局计划招工二十人，可是截至许启金报名的时候，已经有三百余人报了名。

纵使他的学习成绩一直都好，但受身体状况牵连而导致的高考失利的阴影还是偶尔会将他笼罩。如今，面对如此激烈的竞争，他不免有点心慌。

"能考得上吗？"他晚上睡不着时，总是翻来覆去地想着。

考前的某一天，他偶然遇到了高中时期的数学老师，也是他曾经的班主任。几番交谈下来，老师得知他准备去参加招工考试，便不假思索地鼓励他说："放心吧！以你的成绩，只要你正常发挥，保准能考上！"得到了老师毫不犹豫的认可，许启金仿佛打了一剂强心剂，下定决心无论如何都要竭尽全力放手一搏。

果不其然，许启金在招工考试中发挥得不错。1982年4月的一天，他收到了正式入职宿县地区供电局线路工区的通

⊙ 1982年，许启金（后排右一）刚参加工作时和作业班成员的合照

知。

那一夜，他几乎彻夜未眠。萦绕于他心头的遗憾与迷茫渐渐消散，蓄积的精神力量和向上的渴望冲破了思想与情绪的束缚，在心灵的废墟中迸发。饱含着激动与期待，许启金人生的新篇章由此开启。

阴霾终于一扫而空，他昂首挺胸地站在生活的新起点上，耳畔只有家人的谆谆叮嘱和殷切期盼——"要干出样子来！"

拨云见日终有时，许启金的病症竟然奇迹般地消失了。现在想来，所谓"怪病"的成因或许是许启金当时的身体素质不好，上下学路程上和学习上的消耗大但营养跟不上，导致身体免疫力下降，加之他对自己的高标准、严要求所带来的巨大心理压力。所以无论看了多少医生都没有较大改善。

现如今，他整装待发，每天好像有用不完的体力和热情，全身心投入自己热爱的事业。他暗自下定决心："一定要当一名名副其实的好电工，把工作干出色，让人生活出彩。"

于是，从历时二十多天的入职培训开始，许启金便全身心地投入其中，从未违背对自己的诺言。在培训结束后的考核中，他拿到了满分的好成绩！

然而，待许启金正式投入日常工作后，他才发现这份工作与他想象的天差地别。好不容易回到城里生活的他，每天一早却要乘坐着敞篷拉货车回到乡间野外，一忙就是一整天。车厢内座位有限，工友们就搬来两张大长椅，一起坐在后面的车斗里，大长椅中间堆满了检修工具和材料。一路上，风吹日晒，风尘仆仆，许启金和工友们只好用衣服蒙住头，时不时地聊两句，打发时间。

许启金这种艰苦的工作环境也是家人们没想到的。后来，许启金的父母得知了他的日常工作是在野外巡线，不仅要忍受各种极端天气，还要天天爬高上梯，在高压线上作业，每天都提心吊胆地牵挂着他。有一年的冬天特别冷，父亲到市场上给许启金挑选了一件摸起来最厚实的军大衣。许启金穿在身上，心里也暖乎乎的。

此外，巡查线路、高空作业、带电检修……这份工作所涵盖的内容也远没有许启金想象中那么简单。第一次爬杆子时，他吓得两腿直发抖，刚爬到两三米高的地方就滑了下来，这让他有点儿难为情。更让他有些挫败的是，好多金具（送电线广泛使用的铁制或铝制金属附件）的名称他都叫不上来，更别说它们的用途。好在许启金向来不是一个轻易放弃的人，诸多阻碍只会成为他前进的动力。

从那以后，他白天紧跟着师傅们的脚步，爬杆塔，学技能。工作间隙和晚上的时间，他就看着书本补充理论知识。入职时，单位发了两本供电线路教材，他便把这两本书装进随身的包里，一有时间就拿出来一遍又一遍地看。为了防止书被包里的工具磨破，他像对待宝贝一样给书包好了书皮。然而，即使是如此精心呵护，两本书还是在他的反复翻看后卷了边儿。

在人们的心目中，入职供电局就相当于端起了"铁饭碗"，做好自己分内之事就够了，无须有什么别的追求。很多同事也都是抱着这种想法，按部就班地工作着。每到中午休息时，同事们或是找块有树荫的地方闭目养神，或是聚在一起聊天。唯独许启金总是待在一旁看书，颇有一番"两耳不闻窗外事，一心只读圣贤书"的专注与痴迷。下了班，年轻人当时流行去唱唱歌、跳跳舞，同事们也不例外，但许启金每天下了班就回寝室看书。

渐渐地，工友们便纷纷打趣他，但他并不在意。每每被工友打趣时，他总是抬头报以憨笑，很快便又沉浸在书本里了。

一遍又一遍地翻看书本后，就到了识记阶段。由于没有系统地学习过电力专业知识，所以许启金一开始只能靠死记硬背来识记知识点。秉持"好记性不如烂笔头"的学习理念，他每天都提前把要识记的内容抄写在小纸条上，随身带着，工作间隙就拿出来背一背。他甚至连休息日也不歇着。到了休息日，他就独自骑着自行车来到郊区的110千伏变电站外，观察线路、金具，对照学习各种设备的名称和用途，做到学以致用。

兴趣是最好的老师，痴迷是一种境界。通过不断学习、思考和实践，许启金的努力逐渐见到了成果。仅仅两三个月后，他便能一口气爬上杆顶，且登杆的速度在整个工区都名列前茅，金具的名称和用途更是烂熟于心。

对于学习，许启金从不吝惜付出耐心与时间。自入职以来，小纸条一写就写了将近二十年，上万张小纸条承载着他的梦想与热爱，见证了他丰富电力专业知识的过程，更夯实了他未来发明创新的基础。

他从未停歇，终于得以载梦启航。

我志愿加入中国共产党

"我志愿加入中国共产党……"入党誓词字字入心，句句千钧。从宣读的那一刻起，许启金便真切地把入党誓词当作自己的行为标尺。从此，身为共产党员的许启金有两条"命"：一是生命，一是使命。

被问及入党的初心时，许启金说，他读到《铁人王进喜》这篇文章时，便被王进喜在困境中不懈奋斗与毅然坚守的精神所折服。他在王进喜身上看到了普通人靠自己的责任、勇气与智慧所迸发的巨大能量，也因此备受鼓舞。

后来，他又买了讲述王进喜故事的图书，细细研读，对王进喜的崇敬之情只增不减。他进一步意识到，个人的不懈努力是取得成功的关键，而拥有坚定的心而又真诚、无私的人，更是会激励着更多的人一同为社会进步和发展做出贡献。

他决心以王进喜为标杆，争做一个艰苦奋斗、乐于奉献、冲锋在前的优秀党员。于是，他将"做一名合格党员，当好一名电力线路工人"的理想信念落到了实处——做好本职工作，遇上急难险重的任务总是第一时间冲上去。

1994年，许启金迎来了证明自己的机会。当时，单位有五条老旧线路要改造。这项工程时间紧、任务重，对参与人员是一个很大的考验。为了在实践中检验自己，许启金毫不犹豫地报名参加了这项工程。

工程期间，许启金每天起早贪黑，全心投入，从不懈怠。在工作过程中，他不仅出色地完成了自己的任务，还与同事们建立起了深厚的友谊。每当遇到困难和挑战时，他们总是相互支持，共同攻克难关。在许启金和同事的共同努力下，这项工程提前两个月完成。

1995年12月，鉴于许启金在工程中的突出表现和平日里的严于律己，组织上批准了他的入党申请。许启金终于如愿成为一名共产党员。

他时时告诫自己，入党不是为了脱离艰苦环境，更不是为了享受优待。相反，他深知入党意味着要肩负更多的责任和义务，要有本领、有原则，吃苦在前、享受在后，甘于付出、乐于奉献；要在急难险重任务面前当先锋做楷模，时刻怀有一份"我是党员我先上"的自觉。

许启金常常警示自己，作为一名共产党员，要时刻保持一颗对党和人民忠诚之心。数十年如一日，他始终坚守一线，真真切切地将"全心全意为人民服务"落到了实处。他在风吹日晒中巡查线路、在杆塔上检修、在高压线上带电作业，让老百姓用上放心电。

不负韶华，不辱使命，理想信念在许启金的心中从未动摇，在他的实践中从不缺失。

每一基杆塔都是前行的动力

从业四十余载，许启金始终坚守在生产一线，日常工作便是在野外巡查电力线路。

无间冬夏，不分昼夜，每一基杆塔都是许启金前行的动力。汗流浃背，泥泞满身，他从未敷衍了事；路再远、再难走，他绝不漏巡一基杆塔。

对于电力工人而言，工作性质决定了他们必须二十四小时随时待命，时刻做好应对各种紧急任务的准备。线路巡查与故障排除是一项既平凡又艰巨的任务，因为它与老百姓的日常生活和工、农业生产息息相关。因此，越是面对极端天气和复杂环境，电力工人们越要坚守岗位，保障电力线路巡查工作的正常进行。

除遇极端天气之外，各种节假日也是电力线路的故障高发期。每逢节假日，大街小巷灯火通明。然而，与之相伴的是用电需求的飙升。当家家户户都沉浸在欢乐祥和的节日氛围之中时，许启金和工友们的心里却紧绷着一根弦，时刻准备进行紧急保电和抢修工作。

1991年元旦，正是阖家团圆的日子，许启金的家里很是热闹。一家人难得聚在一起，一边热火朝天地聊着天，一边忙碌地准备着饭菜。

随着一道道热乎乎的菜肴被陆续端上饭桌，节日的欢愉被缓缓推向高潮。正当一家人准备完毕，围坐于饭桌，要尽情享用精心准备的饭菜之时，许启金的BP机响了——是工区领导的通知。因为暴雪，一条35千伏线路因大雪压断的树枝搭在导线上，造成线路跳闸。

听闻许启金接到了紧急任务通知，家里的氛围一下子冷却了。事实上，这样的事情并不罕见。家人们充分理解他的工作性质，但仍无法避免地陷入了沉默。

面对此种情形，许启金毫无怨言，主动打破了沉默："线路跳闸，我得去巡线。你们快接着吃吧，元旦快乐！"

"元旦快乐！"家人们不想扫兴，积极应和着，却难掩神情里的落寞。接着，又纷纷嘱咐他多穿点，注意安全。

许启金随口应下，快速穿戴整齐，便毫不迟疑地走进了风雪中。

大雪已纷纷扬扬地下了几个小时，到处都是白茫茫的，根本看不清哪是沟、哪是路，一不小心就会栽倒在雪窟窿里。许启金穿着厚重的棉袄，拖着沉重的泥鞋，在冰雪中艰难前行着。他一次又一次地失足滑倒，再一次又一次地爬起来，艰难地巡查着故障点。

时间仿佛在这无休止的冰天雪地中变得模糊而沉重。不知不觉中，许启金的鞋里灌满了雪，棉衣棉裤也早已湿透，紧贴在身上。寒风呼啸而过，裹挟着他的身体，寒意在他的四肢里蔓延，整个人都在瑟瑟发抖。然而，他依旧凭借着经验与毅力耐心地进行着排查和分析，眼里只有前方的杆塔。

又过了几十分钟，许启金终于查到了故障点并快速完成了抢修。紧张的神经终于得以放松，他长舒了一口气，抬头望向这漫天飞雪，风仿佛也一扫之前的凛冽，变得飘逸柔和起来。他又望向远处的万家灯火，顿时感到无比安心。

在灯光辉映之下，家家户户的热闹与祥和溢出了门窗，飘向了伫立于寒风中的许启金。此时，他终于真切感受到了节日的欢愉和由衷的满足，挂念起在家默默支持与等候着他的家人们。

"元旦快乐。"许启金喃喃道，声音很轻，也很缓，像雪花飘落到了地上。

最忠实的拥护者和最坚实的后盾

"我有一个办法……"许启金仍清晰记得，那次，当他鼓起勇气阐述自己的大胆设想时，遭受了旁观者何等铺天盖地的质疑与反对。多年过去，他至今仍感谢当时勇敢的自己，他坚信自己的想法具有价值，并由此展开了深入的探索。

2002年秋，220千伏南姬线路改造完成。然而，在验收过程中，验收组成员们发现了一个严重的问题——28号杆塔和29号杆塔有两根导线的距离为3.4米，与运行规程所要求的5.5米严重不符。验收组成员们据此情况进行初步判定，是设计人员忽略了29号杆塔是换位杆塔导致的。

面对这一重大失误，相关人员焦急不已，都希望设计单位与施工单位尽快给出合理的解决方案。

现场的设计人员和施工人员都是身经百战、荣誉等身的高工，他们迅速展开了激烈的探讨。很快，现场便有专家提出，可以在28号杆塔与29号杆塔之间增加一基杆塔，并当场拟定了改造施工方案。对此方案，在场人员多表赞同。

作为一个非科班出身的普通线路工人，许启金本不想多说什么。可是，他拿着改造方案草图反反复复地看，终于还是忍不住发声："增加一基杆塔，需增加一个多月的工期，还要多花费几十万元。我有一个办法——可以在29号杆上相横担左侧再接一段横担，把中相导线调到左边，就是将中相导线换个位置……"许启金指着29号杆塔，边比画着边向大家讲解。他的发言让在场人员大吃一惊，紧接着质疑声扑面而来。

多数在场人员纷纷对许启金的提议持质疑甚至是否定的态度。许启金提高音量，试图盖过现场嘈杂的声音，解释说："我改方案不是逞能、较真，是为了节约时间、节省成本！"

面对如此僵局，验收组组长说道："这样吧，请许启金同志回去拿出一个详细方案，我们再论证！"组长的话一锤定音，平息了在场人员的躁动，也给了许启金一个难得的机会。

之后，许启金每天起早贪黑，不知疲倦地跑现场、看图纸、研究方案。终于，经过了一次又一次的自我推翻与重建后，许启金拟定的新方案终于得以呈现在大家面前。

　　让所有不看好他的人都意外的是，许启金的新方案通过了专家组的评审，顺利审批下来了！许启金抓住了这来之不易的机会，完成了一件很多人都认为他做不成且不该去做的事。其实，这也是一件他过去连想都不敢想的事情。

　　很快，许启金的方案顺利落实。改造后的线路顺利安全送电，仅花费了两千余元，较之前的方案节约了经济成本四十多万元，缩短了工期三十多天。

　　当旁观者的质疑与反对振聋发聩之时，坚实的理论基础和丰富的实践经验，成了许启金最忠实的拥护者和最坚实的后盾。他不仅有大胆发声的勇气，还有将想法变成现实的能力与毅力。当想法化为成果的那一刻，那些折磨却拼尽全力的日子，那些忐忑却充满希望的日子，都因此而意义非凡。

电未至，我不眠

　　2018年8月中旬，受台风"温比亚"的影响，安徽省宿州市、蚌埠市、滁州市、六安市等七市十三县受到不同程度的影响。在狂风暴雨的肆虐下，人民群众的财产安全受到了严重威胁，各地输电线路的安全稳定运行受到了重大挑战。

应对如此险峻的情况，许启金带领工友们以多种形式向广大市民朋友们发出温馨提醒，并作出了"电未至，我不眠"的公开承诺。事实上，这一承诺并非安抚民心的华丽口号，而是许启金和工友们数十年来日日践行的准则。

当许启金和工友们反复叮嘱着市民朋友们把避险放在第一位时，他们却一心想着冲在前线，第一时间救灾抢险，这又不得不提起他们在2005年参与的一次急难险重任务。

2005年8月2日凌晨，大雨倾盆。忙碌了一天终于进入梦乡的许启金被手机铃声惊醒。他赶忙接起，手机里传来的是国家电网宿州供电公司线路工区主任的声音："国姬线路跳闸，你赶紧带人去巡线，尽快查出故障点！"

石英钟的指针指向2时13分，窗外的电闪雷鸣掩盖了平日里屋中清晰可闻的时钟滴答声。透过窗子，路灯散发出的昏黄灯光被玻璃上成股留下的雨水晕染开来，依稀可见的是树枝在狂风暴雨中的飘摇及被路灯映照后投进屋子里的树影。

放下电话，许启金强忍睡意，轻手轻脚又麻利地穿上工作服，套上雨衣，戴上安全帽，虽然许启金不想吵醒熟睡的妻子，但妻子还是察觉到了窸窸窣窣的声音，问他去干什么。他给睡得迷迷糊糊的妻子轻声留下那句熟悉的"线路跳闸，我去巡线"后，便毫不犹豫地走进风雨之中。

许启金家离工区值班室只有几分钟的路程，他在疾风暴雨中奋力前行，不一会儿就赶到了值班室。又过了一会儿，十名抢修人员连同工区负责人也陆续到达。

故障点在哪？大家展开了激烈的讨论而无果，于是纷纷把目光投向了许启金。许启金已经在电脑前查询雷电活动信息，联系电力调度，心里有了大致判断。初步确定故障测距点之后，他又仔细比对了雷电定位、雷电活动信息以及杆塔档距，终于斩钉截铁地说："故障点在73号到82号杆塔之间，我们要将巡查范围扩大至前后各十基杆塔。"而后，他又迅速对巡线工作进行了合理分工。在场人员纷纷应下，眼神里是满满的信任与敬佩。

伴随着一声巨响，又一道惨白的闪电划破黑沉沉的夜空。风雨雷电在黑夜中肆虐，众人默默盼着雷电快点停息，以便尽早出发去排查故障点。

等到天色将亮，雷电才渐渐平息下来，而小雨还在下个不停。趁天气有所好转，许启金立即带领带电抢修班的成员们乘坐抢修车出发了。路上的积水很深，抢修车在距目的地还有十多千米时便无法继续前行，在一座铁路涵洞前被迫停了下来。面对此种情形，许启金和工友们没有片刻犹豫，他们选择立刻下车，徒步向故障点的方向迅速赶去。

蹚过泥泞的道路，翻过铁路，是一片果园，里面原本枝繁叶茂的果树经过暴风雨的摧残，枝叶落了满地，尚存的枝丫低垂着，许启金和工友们只有猫着腰才能钻过去。

宿州大地以黏土为主，在被雨水冲刷和浸透后，步行变得更加举步维艰。一脚踩下去，整只脚都陷入深深的淤泥之中，吃力地拔起脚，才可以迈出下一步。许启金和工友们就这么一步一步艰难地前行着，殊不知，在前方等待着他们的是更艰巨的挑战……

许启金要巡查的是73号到82号杆塔，这是他最熟悉的十基杆塔，也是经过推测最可能有故障的十基杆塔。出乎意料的是，他反复巡查了两遍却没发现故障点，其他成员也暂未报告说找到了故障点。

此时已是下午两点钟，在不间断地工作了几个小时之后，许启金又累又饿。他到符离镇上随便找了家店吃了几口饭，便又匆匆返回线路，并决定一基一基登塔查找故障点。

三个小时过去了，他先后登上了五基杆塔，却依然一无所获。终于，当他登上了第六基杆塔时，有了发现——中相导线绝缘子串遭到雷击沿面放电，导致了线路跳闸。

他立即把这一发现报告领导，并告知大家。领导立即送来了工具和材料，仅用了半个小时便顺利更换了受损的绝缘子串。国姬线路终于恢复正常运行。

"大家都累得精疲力竭，泥浆满身。工区领导很感动，就领我们去一家餐馆吃晚餐。"许启金回忆着当时的情形，"可是，餐馆服务员见我浑身上下脏兮兮的，不让我进门。我们领导和他好说歹说，这才让我进去。"

为了不过于狼狈，他决定在用餐前先简单而迅速地整理一下。一进餐馆，许启金就走进了洗手间，先是冲洗了手和脸，接着脱下衣服，对沾满了泥浆的部分进行了简单清洗，便又套回了身上。正值盛夏，刚洗过的衣服穿在身上倒不算冷，但湿漉漉地沾在身上很不舒服。为了不让大家等太久，他强撑着精神，快步走进了房间。

吃完饭，许启金拖着疲惫的身躯，勉强回到了家。从工作状态中抽离出来，他只觉得浑身酸痛，像散了架一般。简单地冲了个澡后，他一头倒在床上，很快睡了过去。

第二天早晨，妻子喊他吃早饭时发现，他的腿肿得厉害，惊讶地问："你的腿怎么了？"许启金这才发现，他的腿比平时粗了一大圈。直到一个星期后，才彻底消肿。

许启金向来注重经验的总结与积累。此后，他综合多次雷击分析，得出结论：处于空阔地带、靠近池塘的双回输电线路容易遭受雷击。之后，他将这一结论报告给了设计部门。设计部门受其启发，对局部地段的输电线路进行差异化设计，大大提高了线路的耐雷水平。

在数不清的急难险重的任务中，"电未至，我不眠"从不是虚伪华丽的口号，而是供电人不变的追求。

热爱使工作成为快乐源泉

因为心存热爱，许启金数十年如一日深耕于自己的专业领域，劲头十足。他向内探索，向外实践，不断学习与创新，让工作成了自己的快乐源泉。

"我没在十一点半之前睡过觉。每天回家了，要是不打开电脑画个图，根本睡不着。"许启金耸耸肩，云淡风轻地分享道。如今，他用电脑做工作、搞创新早已得心应手。然而，细数电脑学习过程中的点滴，可远谈不上轻松。

许启金从三十九岁开始学习操作电脑。最初，他对电脑一窍不通，所以连打字都是个难题。于是，他就买来光盘和字典，自己一点一点地摸索，从最基本的汉语拼音字母开始学。遇到不明白的，他就记在小纸条上，转天找年轻人请教。

有些年龄相仿的同事看他天天追在小年轻后面问个不停，便逗他说："这时候倒不觉得抹不开面子了。"

"没事，没事，都是为了学习。"他每次都乐呵呵地答道。

拼音学得差不多了，他就开始练习打字。最开始的时候，他打字是"一指禅"，敲半天都敲不满一行字。过了一段时间，在不厌其烦的练习下，他才终于在电脑上打出了第一篇文章。看着自己亲自敲出的文字逐行排了满页，满满的自豪感油然而生。他决定继续深入学习和探索其中的奥秘，从此便一发不可收。

之后，许启金便踏上了从"电脑盲"变成"电脑达人"的转型之路，自学了广泛应用于工程设计领域的制图软件，能熟练地进行三维建模和动画制作。他勤学苦练、勇于创新，很快，运用电脑办公的水平把有些年轻人都甩在了后面。

2013年下半年，许启金开始学习3ds MAX，用它画杆塔图、电气图，想要把杆塔和线路都装进电脑。终于，在他不分昼夜的潜心钻研下，成功将宿州电网7800多基杆塔数据全部电子化，实现了检修现场操作过程图像化，以便更好地分析和维护杆塔；也实现了让徒弟们足不出户就能看到杆塔的真实情况，培训时如临其境，学得快、记得住、好上手。同时，这一举措方便将一些创新成果在计算机上进行模拟演示，并进行持续改善。

许启金的妻子黄昌珍分享道："老许为了弄他的线路图，可没少下功夫，二十多年前就开始买电脑了。这么多年来，都不知买了多少台了，还都是好电脑！"紧接着，她掰着手指头，细数起丈夫购置电脑的慷慨来。

许启金的第一台电脑购于2002年。那年，公司给线路工区配了台电脑，许启金觉得这个东西新奇，做记录、查资料一下子方便了很多。在那个年代，电脑是很稀缺的。公司的这台电脑被锁在了一个小屋子里，用布盖着，只有大学生才有使用权限。许启金看得心痒。于是，他用在各种比赛中获得的奖金给自己买了一台，用了六千五百元。

三年后，他又购置了第二台电脑，这次花了六千七百元。

2007年，许启金又计划要买第三台电脑。妻子觉得他买电脑花销太大，便不再给他钱。令她感到意外的是，许启金几天之后还是抱着一台新电脑回家了。经过一番盘问，才知道他这次买电脑的钱是找妹妹借的，足足花了七千八百元！

为此，妻子唠叨了许启金很久，可还是默默帮他还了"外债"。其实，许启金的妻子是刀子嘴豆腐心。尽管她嘴上常常抱怨，可每每提及丈夫对工作的全身心投入和尽职尽责，她满是自豪。平日里，为了让丈夫更好地投入工作，她将家里的大小事料理得井井有条。

同年7月，许启金作为技能类专家受聘成为安徽电气工程职业技术学院兼职教师。在合肥的十三个月里，他很少闲逛，而是一有空就泡在学校附近的一家书店，还把新出版的输电方面的书籍全部买了回来。作为兼职教师传授知识的同时，他也有了很多新收获，参与编写了十五万字的《高压线路带电检修工岗位培训考核典型题库》一书，供学员们学习。

2013年，许启金又购置了第四台电脑。这台电脑是他为了制作三维视图专门找人组装的，足足花了一万两千元。他把这台最贵的电脑放在了办公室里。

之后，他很快又购买了第五台电脑，这台是他为了方便出差或外出讲课时携带而购买的笔记本电脑，花了四千多元……

听着妻子滔滔不绝地细数着自己在工作中"大手大脚"的举动，许启金点头默认。他说："我在别的方面很节省，唯有在买电脑和买书上十分大方。电脑和书都是我在工作中能用得上的，能帮助我更好地完成工作。我从专业工作中得到了最大的乐趣。"

2023年7月，许启金退休了。在得知被单位返聘前，他就一直在想："退休后，我每天做点什么呢？"经过深思熟虑后，他又咬咬牙，在专业人士的建议下给自己精挑细选了一款性能卓越的电脑，用它专攻电子课件相关工作。这次，他足足花了六万八千元。这台电脑能够完全满足他处理电子课件的所有需要，在这台电脑上，他用3ds MAX软件画杆塔图、电气图，把铁塔和线路装进电脑，把检修流程做成动画，希望给年轻人们提供一些参考。"除此之外，还有一些创新课题没有完成，我要继续做下去。"谈及现在的工作日常，许启金如是说。

于许启金而言，工作早已不仅仅是谋生的手段，而是他实现自我价值的重要途径。因为足够热爱，所以他心甘情愿地投入。于是，工作回报给了他源源不断的快乐与满足。

责任感使工作成为治病良药

出于对工作的热爱，许启金怀揣着满满的行动力和积极性全心投入其中，不知疲倦。对工作的责任感，使病痛也无法成为他潜心工作的阻碍。

2002年秋天的一个下午，许启金负责220千伏陇海变电站T接引线带电作业。三点多，作业完毕，他看到地面上还剩下百十斤导线，便弯下腰把导线搬起来扛到了肩上。不料直起身时，他突然感到腰部传来一阵撕裂般的疼痛。这种疼痛瞬间牵引着他全身的神经，让他不由自主地蜷缩起身体，紧接着便整个人都动弹不得，瘫倒在地。

导线散落一地的声音引得工友们纷纷望过来。大家看到了此种情形，赶紧围了过来，焦急地询问他的情况。此时的许启金已经疼得说不出话，每一次呼吸都伴随着阵阵痛楚，额头上满是汗珠。工友们小心翼翼地把他抬上了车，送到附近的医院进行检查。好在许启金并没什么大碍，但医生反复嘱咐着他要静养，以免落下病根。

那个星期，许启金只能整日卧床休息，不仅无法进行日常生活和正常活动，还因为病痛而整宿睡不着觉。在黑暗中，周围的一切都归于寂静，时钟传来的滴答声让他清晰感受到时间正在一分一秒地流逝，而身体的疼痛和精神的疲惫却让夜晚显得更加漫长。闭上眼，许启金却异常清醒，工作任务、项目计划以及团队合作上的细枝末节在他的脑海中不断浮现，像是璀璨的星河，又像是彼此交织成了复杂的迷宫，等待着他去探索。他只盼着自己快点好起来。

这样的日子没持续太久。刚在家里静养了一个星期，许启金的手机就在某天中午响了，是他的徒弟张永打来的求援电话："师傅，您最近身体恢复得怎么样？线路故障，别人都查不出故障点，我实在是没办法了，只能请您来了，车已在您家楼下等着您了！"

此时，许启金的身体状况只是稍有好转，恢复到了能勉强行走的程度。然而，他一放下电话，二话不说就吃力地用双手支撑着身体坐起了身。好不容易穿好了衣服，他正要出门，却被妻子一把拉住："你不要命了？医生让你卧床休息，这才躺了几天，你就要出门！万一腰伤加重了怎么办？"

"我动作慢点，不干体力活，没事的。"许启金安抚了妻子几句，便毅然决然地往外走去。妻子知道拗不过他，追着嘱咐了他几句，也只能看着他出门了。

抢修车把许启金拉到了220千伏纵陇线路沿线。正是下午一点多钟，骄阳炙烤着金色的玉米地，散发出炫目的光。许启金在张永的搀扶下下了车，缓缓地向围绕在塔脚下的工友们走去。看着许启金蹒跚而来的身影，工友们纷纷投来饱含期待的目光，那目光一路追随着他，散发出比阳光还炙热的温度。许启金的额头上满是豆大的汗珠，终于走到塔脚下。

这是一基三十多米高的杆塔，在地面上根本看不出任何异常，许启金只好登塔排查。他在腰上拴好安全带，平时两三分钟就能爬上去的铁塔，那天足足花了十分多钟才爬上去……

许启金这股工作起来不要命的劲儿，是家人们最担心的。提及丈夫对工作的痴迷，妻子黄昌珍道："他在合肥当兼职教师的那十三个月，我公公可急坏了，闹着要去合肥找他呢！"

"为什么？"

"怕他出什么意外。"黄昌珍说。

原来，许启金在家排行老二。几年前，许家老三因肝病去世了，老人非常伤心，便对剩下的四个子女格外关心。当时，老人已经七十多岁了，听力下降得厉害，电话都听不清楚。老人知道二儿子每天爬高上梯，干的都是危险的活儿，本来就十分牵挂，再加上许启金很长时间没有回家看望老人，老人便怀疑许启金也出了什么意外，是家人们怕自己担心才都瞒着自己。儿女们一遍又一遍地向老人解释说："老二在合肥出差。"老人也不相信，天天和家人们说："你们赶快让老二回来。要不，我就去合肥找他！"非要亲眼见到才放心。许启金只好抽空跑回家一次，让老人安心。

其实，家人们的担忧并非无端的。除了意外事故带来的伤痛，许启金工作起来便不要命一般的投入也曾导致他突发疾病，险些丧命。

2014年的一个傍晚，徒弟廖志斌突然接到许启金的电话，让他把借走的专业书送到工作室。没想到，多亏许启金当时找廖志斌要了这本书，竟然侥幸地救了自己一命。

想到师傅可能还没吃晚饭，廖志斌便用保温饭盒装了一盒饭菜，连同师傅要的那本书一起，带着赶往工作室。工作室的门紧闭着，廖志斌敲了敲门，屋里没有一点声响。他又敲了敲，继而在门外等了一会儿，可屋子里仍然寂静无声。廖志斌心里凭空升起一股不安。他连忙推开了工作室的门，看见师傅伏在案上，轻轻唤了声"师傅"，可许启金没有应声。

廖志斌察觉到了不对劲，他立刻走近，只见师傅脸色煞白地趴在工作台前，一只手臂无力地垂了下来，地上还有一片呕吐物。

"师傅！师傅你怎么了！"廖志斌边急切地唤着师傅，边伸手扶住了他的肩膀，轻轻地晃了晃他，可师傅已完全昏迷。

见状，廖志斌立即掏出手机，拨打了急救电话。救护车飞速穿梭在城市的街头巷尾，一路上，他颤抖的手紧紧地抓着师傅的手，脑海中一片空白……

医院诊断的结论是：由于长期伏案工作，造成颈脊骨压迫神经，出现了脑缺氧的情况，导致许启金呕吐、昏迷。幸

⊙ 许启金在杆塔上带电检修作业

⊙ 许启金在220千伏线路上带电绑扎导线

亏送医及时，否则后果不堪设想。

经过一段时间的治疗和静养，许启金的身体状况稍有好转。可即便此次病情如此严重，许启金还是闲不住。他隔两天就和家人说："能不能帮我把笔记本电脑捎到医院？我整天躺着无聊，想办公。"

家人们为了让他全心静养，纷纷拒绝。

于是，在医院里住了十四天之后，他终于待不住了。不顾家人劝阻，他又回到了工作室，急着给徒弟们制作三维可视化培训课件，连公司领导都劝他再休息休息。

他憨笑着摇摇头说："没事，我的身体我自己有数。手里干点活儿，我反而心里踏实。"

当一个人平日里全身心地投入工作，并把所有的时间和精力都付诸其中，那倘若有一天因身体原因无法躬行践履，便仿佛失去了心灵寄托，内心的煎熬比身体上的疼痛更让他痛苦不堪。

于许启金而言，唯有回归正常工作，才能填补他内心的空虚，抚慰他内心的不安——工作是治愈他身心的良药。

用最好的方式守护光

"每当我在高压线上带电作业时，想到能让老百姓用上放心电，就感到无比充实。我的岗位很平凡，但只要忠于职守，积极进取，就可以有所作为。"许启金说。

许启金所在的工区管理的大多是110千伏及以上的高压输电线路，电压等级高。因而一旦出现故障，停电的就是整个城市或乡镇。

那是1983年的春天，淮砀110千伏线路停电检修（那时电网薄弱，砀山县仅此一条供电线路），使得整个县城三天两夜都没用上电。"要是不停电就好了！"一个老大爷的感慨声传入了正在检修的许启金耳中，让他陷入了沉思。其实，他也知道，为了避免老百姓们最担心的长时间停电的情况发生，在高压线上带电检修是最好的方式。

那次之后，许启金毅然决然地申请参加了带电作业培训。全省有意让掌握带电作业技术的电力线路工人齐聚滁州市，进行为期三个月的学习和交流。

在高压线上带电检修又苦又累，对此，线路工人们都深有体会。然而，每次在高压线上带电检修，他们最在意的还是安全问题。稍有疏忽，检修员就容易发生高空坠落、触电伤亡等事故。

带电作业是许启金的技术专长。他结合多年经验，总结了安全开展带电作业的三个法宝，即天气条件、绝缘工具和安全距离。此外，他还强调了现场勘查的重要性，要充分考虑每个安全风险点并进行预控。

许启金专业技术扎实，又善于思考和总结。三十多年来，他先后参加和组织完成了一千多项带电作业任务，实现零差错完成任务，也没有发生过一次安全事故。因而，工友们查不出故障点总要请他出马。

一个秋日的下午，许启金接到求助电话，说是线路故障，而现场人员都查不出故障点。挂了电话，他便马不停蹄地赶到了现场。

站在杆塔下，许启金利索地在腰上拴好安全带，不出三分钟就登上去了。他稳稳地站在横担上，借着阳光仔细观察导线，发现一处导线上有麻点，很像放电烧过的痕迹。至此，他心中已经有了大致判断，但仍稍有不确定。

等许启金从杆塔上下来，工友们纷纷围拢过来，问他有什么发现。他没有立刻回应，而是默不作声地向周围扫视了一圈。意料之中，他有了新发现——旁边玉米地的上空用钢绞线支撑架设的通信线断落在地。

他见玉米地里有一位老乡正在驾驶着玉米收割机，便缓缓地走到离收割机不远的位置，跟老乡热情地打了招呼，然后问道："老乡，跟您打听个事儿，这高压线故障您是否知情啊？"

工友们都诧异地望着许启金，不明就里。

听到许启金这么问，老乡支支吾吾了半天，说不出个所以然。

许启金便接着问道："老乡，请您跟我说实话，这高压线故障是不是跟您有关？"

这回，老乡被追问急了，终于道出了实情。原来，这位老乡在附近一片玉米地进行收割时，由于疏忽，收割机不慎撞断了通信线和钢绞线。钢绞线的张力很大，一下子弹到了上空的高压线上，瞬间引发了一声巨响并爆出了一串火球……

至此，故障点终于找出来了，众人总算松了一口气。

这时，宿州供电公司来现场慰问的领导忽然哈哈大笑，指着许启金说："老许，你的裤子裂了！"

许启金还以为是领导在说笑，可他低头一看——裤子真的裂开了！因为他刚刚带电作业时太投入了，而大家的关注点也都在故障点上，所以都没发现。顿时，一群人笑得前仰后合，气氛一下子轻松了起来。

带电作业，对检修员的体力是一个很大的考验，更是一项考验技术的"脑力活"。为了用最好的方式守护线路正常运行，许启金勤于钻研，乐于创新，干出了热情，也干出了乐趣，实现了无数次零差错的现场带电作业，走出了自己的非凡之路。

第三章　时光正好，豪情依旧

扫码解锁

◉群英颂歌◉技术楷模
◉电网护航◉奋斗底色

"爬得越高，看到的风景就越远、越广。可能有的人爬到半山腰感觉累了，就赶紧下来了。而我呢，就想到顶峰看看。"许启金满怀着对工作的热爱与责任心，用自己的智慧与豪情，书写着电力行业的辉煌篇章。

于他而言，最好的时光便是与工作日夜为伴的每一天。他搞发明创新，争做电力行业的引领者和推动者；他倾注心血带徒弟，让经验和技术得以传承。

2003年，他通过技能鉴定，成为送电线路工高级技师；2005年，他成为安徽省电力公司首批首席技师；2006年，他参与编写的十五万字书稿，由中国电力出版社出版发行；2011年，他成为国家电网公司生产技能专家；2016年，他荣获"全国技术能手"称号；2017年，他成为"国网工匠"；2019年，他受聘担任中国人民大学校外辅导员；2020年，他获评首届"江淮杰出工匠"……时间从未磨灭他对工作的热爱，可圈可点的成绩也从未让他稍作停留。许启金一直心怀那份豪情，往山顶走。

势如破竹

你听过竹子定律吗？

竹子前期的生长速度十分缓慢，在前四年的时间里仅会生长三厘米左右，但从第五年开始，便会以每天三十厘米的速度快速生长，仅用六周时间就能长到十五米。其实，在前四年里，竹子的根早在土壤里延伸了数百平方米。

入职以来，许启金脚踏实地做好分内之事，这是一段向下扎根的日子，待将小事做得圆满、做到极致后，便开始拼命地向上生长。

他从搞品质控制（QC）、小改革、小发明开始，慢慢地走上了一条技术工人的创新之路，研制出了"输电线路角钢吊点卡具""软梯作业防高坠自锁器""砼杆避雷线提升支架"等八项技术成果并屡获大奖。

其实，早在一家人还住在一间屋子的平房时，许启金便开始为自己的发明创新做准备。那时，他常常从外面捡一些螺丝、螺母带回家，有时甚至从废品站买一些可能会用到的东西，然后都堆在不足二十平方米的家里。

有一次，许启金翻遍了家里的各个角落也没找到台钳，就问妻子："你看到我的台钳了吗？我正要用呢，找了半天也没找到。"

黄昌珍疑惑地问道："什么台钳？是那个铁疙瘩吗？"

外行人哪认得台钳，说成是铁疙瘩也不意外。许启金只好又用通俗的说法向妻子简要描述了一番。

"噢，对，那咱俩说的是一个东西。我以为是废品就给卖了，卖了二十元钱。"妻子随口答道。

许启金愣住了，几秒后缓缓地说："你二十元钱就给卖了？那是我花了八十三元钱从废品站买回来的！"他本来想做个台钳架子，结果还没来得及开工，原材料就被卖了。

黄昌珍有点心虚地说道："那东西在家里放了两三个月，我以为你用不到，又那么占地儿，我就给卖了……"

许启金听闻，马上对妻子说："以后我带回家的东西，你别随便卖了，说不定哪天就有用呢！"

从此以后，那间不足二十平方米的屋子里逐渐堆满了各种各样的铁件，本来就逼仄的屋子，这下更没有了下脚的地方。妻子有时会不满地抱怨几句，但她心里清楚，这些铁件都是许启金搞发明创造的"宝贝"，便不再随意处置。

2010年，这种境况终于得到了好转。这一年，许启金一家从原来一间屋子的平房搬进了两居室。最让他满意的是，靠南的那间主卧里带了一个小阳台，面积有三四平方米。从此，这个小阳台便成了许启金的"专属车间"，许多日后获得了国家专利的发明创造就是在这里初具雏形并不断完善的。

在将构想转换为成果之前，要经过反复的试验与改进。有时，许启金突然有了灵感，甚至会达到废寝忘食的状态，凌晨两三点钟还没休息早就成了家常便饭。

卧室里的键盘声、阳台上的加工声，加上飘来的阵阵烟味，扰得妻子夜夜难眠。沉浸于自己热爱的发明创新之中，许启金即使晚睡早起也甘之如饴，早上起来他依旧精神抖擞。与之不同的是，妻子晚上睡不好，白天就很没精神，为此只好抱着被子转至隔壁卧室，和他"分居"。

许启金一家刚搬家的那段时间，公司正要开展技能比武活动。不巧的是，正好赶上了接连数日的阴雨天气。为了在技能比武活动中取得好成绩，许启金可闲不住。不方便出门练习，许启金就把家里当成了打拉线的训练场。他在一面墙上固定了一个铁环，在对面的墙脚固定了另一个铁环，他在两个铁环之间拉上钢绞线，反复练习主线和辅线绑扎技术。

两个月下来，许启金可算是做足了准备，但新家的墙壁上多了好几个窟窿。妻子对此多有不满，每每抱怨，许启金都是答复："我只要第一名，不要第二名！"

按妻子黄昌珍的话来说，在家里，许启金是个连油瓶倒了都不知道扶的人。然而，这个"粗心"的人却能连续数日坚持在野外清扫绝缘子七八个小时，把那些绝缘子擦得像家里的餐具一样，亮得反光。冬天的时候，刺骨的寒风让人在平地中站着都瑟瑟发抖，忍不住把双手插进口袋。然而，许启金却要爬上四十多米高的杆塔，身上系着安全带，悬在空中干活。他手里抓着干净的毛巾，把一片片脏污的绝缘子仔仔细细地擦拭干净。绝缘子狭小凹槽里积存的污垢用毛巾很难清理，只能用工具一点一点地抠掉。凛冽的寒风和长时间的工作让他的手僵得发疼，但他依旧咬牙坚持。

对于丈夫在生活中和在工作上的"两副面孔"，妻子每次提起都要抱怨几句，说他在工作上投入的比家里多得多。她虽然常常这么说，但并没有真正要责怪丈夫的意思。相

⊙ 许启金在220千伏杆塔上清扫绝缘子

反，对于丈夫超凡的职业追求和卓越的钻研精神，妻子总是发自内心地支持。她明白，丈夫是一个责任心强且很有追求的人，正是他的钻研与坚忍使其在工作中屡创佳绩。

熟悉的人和黄昌珍闲聊时，常常羡慕地称赞道："你家老公哪次比赛都是第一名！"

每当这时，她嘴上虽抱怨着"他不懂浪漫，不会生活呢"，心里却是美滋滋的。

果不其然，在那次技能比武中，许启金也取得了十分傲人的成绩。

"技能比武一共有四项，我参加了两项，他们就不让我继续参加下面的比赛了。"忆起当年的那场技能比武，许启金如是说。

究其原因，原来是许启金在先后进行的拉线制作和金具识读两项比赛中都展现了扎实的专业技能，稳获第一名。剩下的两项是钢丝绳穿插和登杆塔，许启金也是信心满满。

大家都打趣地说："四个第一名不能让你一个人都拿去了！也要给别人留点机会啊！"

许启金听闻，不好意思地笑了。他一想，大家说的也有道理，比赛结果有更多可能性才有意思，便提出了退出剩下的两项比赛。

正如那句名言所说："每个优秀的人，都有一段沉默的时光。那段时光，是付出了很多努力，却得不到结果的日子，我们把它叫作扎根。"

默默扎根的日子于许启金而言弥足珍贵，他用心做好分内之事，因而，根深蒂固后的势如破竹与厚积薄发，于他而言绝非偶然。

重复和坚持是砝码

许启金说："人可以没有文凭，但不能没有知识，不能没有技能，不能没有理想和追求。"

知识与技能来自平日的积累，而理想和追求指引着他前进的方向。选定方向后，以时间为杠杆，重复和坚持便成了日日堆叠上去的砝码。于是，在平平无奇的某一天里，命运的天平已悄然向持续加码的人倾斜。

许启金自入职以来坚持在一线工作，持续不断地学习与思考。随着知识储备、经验见识和解决各类难题的能力不断增长，他开始钻研如何让自己和工友们在作业过程中确保个人安全的同时提高工作效率。为此，他倾注了很多心血，也做了很多创新。这并不是一个轻松顺利的过程，说起来，重复和坚持就是他实现自我价值的捷径。

日常进行的软梯登高作业有着极大的危险性，倘若在作业时腿发软、脚踩空，就很容易发生高空坠落事故。一旦发生意外，地面上的监护人很难及时反应过来并实施保护。

意识到其中存在的巨大安全隐患后，工友们日常进行软梯登高作业时往往胆战心惊。尤其是对于尚未具备充足作业经验的新人而言，他们每次都要做足了心理建设再往上登。对此，一个小徒弟曾感慨道："要是有一个适合软梯作业的自锁器就好了！"

说者无意，听者有心。许启金由此获得了启发与动力。于是，他迅速开展行动，买回了金属操作台以及台钳、锉刀和游标卡尺，又从废品收购站买回了一些金属板，他把这些都堆到了他的"阳台工作室"里。

那段时间，许启金每天像是着了魔一般，满脑子都是自己的创新发明。有时，妻子让他去买菜，他提着空篮子慢慢悠悠地出了门，回到家时，篮子里装得满满的。可是满满的一篮子装的不是菜，而是他要用的各种工具和零件。

"菜呢？"妻子疑惑地问。

许启金这才回过神来。他一拍脑袋，答道："呀，临去菜市场的路上先去采购了点儿零件，一出来就忘了要去买菜这回事了。"说完，他略带忐忑地望向了妻子。两人对视了几秒后，不约而同地笑出了声。

为了推进自锁器的研发，许启金每天都会构思并尝试加工样品。他先是在纸上画出两个护板和两个舌板的草图，然后进行反复修改；待初具雏形后，他就在操作台上尝试加工出来；然后又依照图纸尺寸打孔，用锉刀把护板和舌板打磨光滑，常常不知不觉就忙到了三更半夜。

对发明创造的热爱与执着支撑着许启金如此日复一日地推翻与重建。对于许启金来说，这并不是一个难熬的过程，但对于共处一室的家人而言，这在某种程度上无疑是一种折磨。他常常深夜在卧室里操作着电脑捕捉灵感，清脆的键盘敲击声便显得格外恼人。不仅如此，阳台上传来不分昼夜的打磨加工声更是让人难以安眠。

"你还让不让人睡觉了？"妻子曾不止一次地责备道。

他回一声："知道了！"他起身关上卧室通往阳台的房

门，便又开始工作了。

经过了一段时间不厌其烦的试验，许启金虽然没有创造出符合预期的自锁器，但也算是有所收获——用金属加工自锁器行不通。为了保证带电作业器具的绝缘性，他决定用有绝缘性的树脂板代替导电性能良好的金属板。可是，加工树脂板时也面临着许多难题，其中最让他困扰的就是加工过程中的粉尘和气味会对身体造成危害。为此，许启金不得不一直戴着口罩。

终于，在许启金的不懈尝试与改进之下，自锁器初具雏形！之后，他便开始在阳台上不厌其烦地做负荷冲击试验。他在接近天花板的墙上钉上一枚钢钉，把自锁器挂在钢钉上，再用一根绳子穿过自锁器的固定舌板和活动舌板；接着，他抓住绳子的一端，猛然下蹲，由此模拟坠落过程。然而，试验却屡屡失败，要么是两个舌板卡死绳子不滑动，要么是舌板根本卡不住绳子。

渐渐地，许启金的心里有了大致判断——自锁器试验总是失败的原因就在于舌板下面的弹簧不合适，不是弹性太弱，就是弹性太强。可是，他几乎试过了所有能找到的弹簧，也没能让自锁器达到他心目中的理想状态。

然而，他从未想过放弃，而是始终怀揣着那份不达目的不罢休的执着，在反复的思考和试验中寻找着突破点。终于，好运眷顾了坚持不懈的他。

某天，当许启金走过一家摩托车修理铺时，发现地面上有一截陈旧的弹簧。他下意识地俯下了身子，把弹簧捡了起来。他看了看，又摆弄了一会儿，秉承着不错过一切可能性的信念，便向店主开口问道："师傅，这截弹簧怎么卖？"

店主认得他，看他此时如获至宝一般地举着这个拾来的弹簧，故意逗他说："不卖。"

许启金还真被唬住了，他立马开始好说歹说地劝店主卖给他。

店主看他当真了，也不再忍心看他干着急，这才说："不卖，送给你了。"

许启金心里瞬间乐开了花，向店主连声道谢。接着，他马不停蹄地赶回了家，继续试验。

没想到，正是这次一如往日的尝试，竟然成就了第一版让许启金满意的自锁器。

如今回想起来，那截小小的弹簧中所承载着的重复和坚持的分量仿佛有千斤重，命运的天平终是向他倾斜了。

往前走，乌云镶着金边

初夏的清晨，天空湛蓝如洗，白云飘逸悠闲，宿州大地上翻滚着金色的麦浪。好天气给人平添了一份慰藉与心安。

终于等到了下一次在野外进行软梯作业，许启金把自锁器带到了现场，想给检修人员加一道保障。

他把自锁器挂在软梯头上，又把软梯头挂到高高的导线上。随即，一名检修员腰间系着自锁器绳子的一端，开始登软梯。地面上的辅助人员拉着绳子的另一端，随时准备对检修人员进行及时的保护。在场人员都提着一口气，聚精会神地盯着检修员一步一步地登上软梯。

没想到，大家不愿意看到的一幕发生了——当检修员登上了软梯的一半的时候，突然脚下一滑，不慎踏空了。

瞬间，地面上的人员发出了一片惊呼声，心都悬到了嗓子眼儿。许启金没有被现场的混乱嘈杂扰乱心神，而是紧紧地抿着唇，目不转睛地盯着这突如其来的意外。

如梦一般，人们所担心的惨剧并没有发生——踏空软梯的检修员被绳子牢牢地拉拽在了半空中。更让人意外的是，自锁器比地面上全力以赴的辅助人员们更快一步，紧紧地拽住了那位检修员。

过了好一会儿，许启金才在周围人的欢呼声和祝贺声中回过神来，露出了如释重负的笑。

至此，软梯作业防高坠自锁器终于大获成功！日后，这项发明屡获省电力公司QC成果发布第一名、中国水利电力质量管理协会QC成果发布优秀奖、国家电网公司带电作业成果作品三等奖，填补了国内软梯登高作业在保护措施技术上的空白。

不久之后，软梯作业防高坠自锁器被广泛应用，成了工友们人手必备且深深信赖的宝藏工具。许启金欣慰地说："每当看到工友们使用我所改进和研发的工具，快速安全地完成工作，我的心总是暖暖的。"

软梯作业防高坠自锁器这一国家专利的发明过程十分坎坷，但却给予了许启金前所未有的成就感和日后不断突破的动力。于许启金而言，软梯作业防高坠自锁器的研发可以算得上是他搞发明创造的一个起点。可以很肯定地说，他开了个好头。

许启金时常回忆想起软梯作业防高坠自锁器试验成功的那个下午，想起周围人紧张而又期待的脸，想起令人揪心的惊呼声以及接踵而至的欢呼声和赞许声，就连湛蓝的天空、飘逸的白云和耀眼的阳光都如在眼前。他依然会露出欣慰的笑，心里却早已变得异常平静，因为抱着势在必得的信念做好想做的事已经成了他的习惯。一直以来，他的经历足以证明：足够坚持的人，最后一定会收获想要的结果；如果还没有，那便还不是最后。

回看来时的路，许启金一直在脚踏实地朝着一个方向走，从未偏航。他时常感到庆幸，即使是在那些被乌云笼罩着的日子里，他也一直在坚定地往更高、更远的地方走。走着走着，太阳终于从乌云边上露出头来。温暖的阳光洒在了他的身上，连乌云也被镶上了金边。

扫码解锁
◎群英颂歌◎技术楷模
◎电网护航◎奋斗底色

点滴成就都有迹可循

有人说，许启金身上好像有发明创新的基因，很多在别人看来无法办到的事情，在他那里似乎总是能迎刃而解。

许启金听了却连连摇头。他认真地解释说："我没上过大学，文化程度很低，很多小发明、小革新看起来简单，其实我琢磨了很长时间，有的长达十几年。"原来，他并非别人看到的那样毫不费力，而是默默付出了很多不为人知的努力。于他而言，每次成功都并非偶然事件，因为他的点滴成就都有迹可循。

"避雷线提吊装置"是许启金在目前所有的发明革新成果中最看重的一项。该装置的雏形最早可以追溯到1984年10月。那时，许启金正在参与110千伏宿南线路的施工。

一般情况下，避雷线悬垂线夹上端应该挂在杆塔顶端的悬垂吊架上。松开滑轮，避雷线就能固定在悬垂线夹内。然而，在安装悬垂线夹时，需要先依靠人力把避雷线扛起来，把放线滑轮换成悬垂线夹，然后再把避雷线放在悬垂线夹里固定下来，整个操作流程往往需要十分钟以上。这十多分钟对于扛着百十来斤重的避雷线的施工人员而言，无疑是极其漫长的一段时间。倘若施工的是钢筋混凝土电杆，那么施工人员还需要脚踩着脚扣站立，更是对施工人员的体力和经验的巨大考验。为此，施工人员通常只能用外侧肩膀扛着避雷线。因为实在撑不住了还可以随时扔掉避雷线，而若是用靠近电杆一侧的肩膀扛着，那么遇到体力不支等意外情况就无法及时脱身，容易引发重大安全事故。

当时，二十一岁的许启金体重只有九十八斤。虽然身体恢复了健康，但还算不上强健。要在快速把滑轮换成悬垂线夹的同时，脚踩脚扣并肩扛一百多斤的避雷线坚持十多分钟，于他而言是一个巨大的挑战。其实，不仅是许启金，很多施工人员都深有同感。整个流程操作下来，腰酸背痛和扭伤都算是常事，更让人感到煎熬的是要承受很大的心理压力，有些施工人员甚至由此产生了抵触心理。

为了让自己和其他施工人员在安装悬垂线夹时能够更轻松和更高效一些，许启金暗自研究起来了。这次，很快就有了成果。

等到下次登杆安装悬垂线夹时，许启金只用两三分钟就完成了操作，而且下来的时候连大气都不带喘的。

工友们见状都很是纳闷，等他从杆塔上下来，便纷纷围上去，问道："你又想出了什么好法子了？怎么换得这么快啊！快和我们分享分享！"大家都想找他取取经。

许启金一脸神秘地掏出了一个用钢筋制作的、两端带钩的挂钩，长度与线夹差不多，说："就靠这个，钢筋挂钩。"紧接着，他又踩着脚扣爬上了另一基杆塔，亲自演示给大家看——他先把挂钩的一端挂在杆塔顶端的悬垂吊架上，再把避雷线从滑轮上扛起来，挂在挂钩的另一端，然后不慌不忙地取下滑轮，把准备好的悬垂线夹换上去，接着拧紧螺丝，再次扛起避雷线，取下挂钩，放下避雷线。许启金的这套动作轻松又娴熟，整套操作下来没超过三分钟，看得下面的人目瞪口呆。

很快，许启金研发的这个简易悬垂吊架便在工地上流行开来，使得施工效率大幅提高，劳动强度大幅降低。

二十多年一晃就过去了。随着行业的发展，避雷线的荷载越来越大，由钢筋制成的简易悬垂吊架渐渐不再适配新建架空线路。由于始终对行业的发展保持着敏锐的观察和思考，许启金很快便意识到了这一点。他开始在充分考虑行业要求和技术标准的基础上，更新悬垂吊架的改进方案。

2012年12月，他敲定了对简易悬垂吊架的改进方案，研制出了砼杆避雷线提吊装置。经过了大量试验和反复调整，这一装置不仅满足行业发展的新需求，还在实践中具有显著成效，顺利投入使用。很快，砼杆避雷线提吊装置便在宿州乃至安徽全省的输电线路施工中推广开来，获得了大家的一致认可和广泛好评。随后，这一装置在2013年举行的全国性的QC成果发布会上获得大奖，并很快获得了国家专利。不久之后，角钢塔避雷线提升器也研发成功并投入使用，进一步提高了施工效率和安全性。

好消息接踵而至，许启金备受鼓舞。作为对自己的奖励，他到街上给自己买了一个质量还算不错的大容量优盘，花了一百三十元钱。这是他和自己的约定——有了新的成果，就奖励一下自己。

"搞发明创造的过程这么坎坷，你的初衷是什么呢？"曾有人这么问许启金。

他答道："一开始，我只想把活干好，想办法减轻大家的劳动强度。"

⊙ 许启金（前排左一）在作业现场指导徒弟进行检修作业

⊙ 许启金（右一）在作业现场指导徒弟进行作业

"这么说，你也是被逼着走上发明革新之路的了？"

许启金愣了一下，随后，他点了点头，但很快又摇了摇头，接着开口解释道："一开始是被逼的。后来，时间久了，我就从发明革新中找到了很多乐趣。虽然过程中吃了很多苦，但如今发明革新已经成了我最大的爱好，成了我的精神寄托，我觉得很快乐。"

许启金深知，成功不是一蹴而就的，而是需要不断的积累和不懈的努力与坚持。为此，他从不轻视任何细节，也不放过任何机会。一次次攻坚克难的艰难历程如同在泥泞中前行，让他前行的每一步都受到了更大的阻力，但也更加清晰地印下了他的足迹，那便是他取得点滴成就的轨迹。

接续奋斗，带电前行

"我最骄傲的事，就是从1994年当班长起就开始带徒弟。到目前为止，我已经培养了四十多位既有干事热情，又有干事能力的徒弟！"许启金说。

许启金在年轻人面前从来不摆师傅的架子，而是秉承着教学相长、师徒共进的理念，将知识与经验毫无保留地传授给徒弟们。在这个过程中，他也十分乐于与徒弟们交流探讨，曾先后和四位徒弟被单位评为"最佳师徒"。看着徒弟们个个踏实肯干、成长成才，有的成了生产骨干，有的当上了班长、技术员，还有的在技能竞赛中获得过大奖，许启金由衷地感到欣慰。

廖志斌，许启金的得意门生之一。自1998年退伍后进入国网宿州供电公司工作以来，他便成了许启金的徒弟。人们都说，看着他朝气蓬勃、一往无前的模样，能看到许启金的影子。

二十多年来，师傅的一言一行深深影响和激励着廖志斌，为他树立了职业标杆。他跟随着师傅的脚步一路前行，集全国电力行业技术能手、国家电网公司生产技能专家、安徽省最美青工、国家电网安徽省电力公司十大杰出青年、国家电网公司劳模、全国劳动模范等荣誉于一身。2020年，在国家电网安徽电力有限公司党建暨宣传年中工作会议上，公司领导重点表扬道："许启金和廖志斌实现了师徒双全国劳模，在公司尚属首例，国网系统也不多见。"2022年，廖志斌当选党的二十大代表。"师徒党代表，一门双劳模"被传为佳话。

受许启金影响，廖志斌同样热衷于发明创新。他研制的避雷线分流装置、带电更换新型杆塔绝缘子工具等创新工器具屡屡获奖，部分成果还获得了国家专利。提及自己的成绩时，廖志斌总是满怀感激地说："没有师傅的言传身教，就没有我的今天。"

张永，许启金的第一名大学生徒弟。自1997年入职以来，师傅教他登杆塔检修作业，他教师傅电气专业知识，师徒二人取长补短、共同进步，成了师徒后的第一年就荣获单位的"最佳师徒"称号。之后，张永在单位先后担任线路工区主任、安监部主任、营销部主任、萧县公司总经理、国网宿州供电公司总经理助理、办公室主任等职务，还曾荣获全国"讲理想比贡献"科技标兵、中央企业知识型先进职工等称号。

张永担任线路工区主任期间，一条110千伏线路跳闸，两班人员先后赶往现场排查故障点，均无功而返。当时，许启金正好出差去了合肥，一时之间，大家都感到束手无策。

随后，张永带着几位老线路工到达现场，迅速开展巡线工作。他们巡到一片果园里的杆塔时，张永抬头望见杆塔顶上有一个鸟巢，便走上前去，然后停在原地静静地思索起来。老线路工们纷纷感到疑惑。据他们观察，导线、金具和绝缘子串均无异常，张永是有什么新发现吗？正要开口询问，便看到张永捡起了地上的一根小树枝，观察了一会儿。然后，张永斩钉截铁地说："故障点一定就在这里的导线上。"

几位老线路工感到疑惑："一切都很正常，你为什么说这有故障点呢？"

张永依然十分肯定地说："不信，你们上去看看！"

听见张永这么说，老线路工们更好奇了。一位老线路工自告奋勇，说要上去看看。他熟练地爬上了杆塔，从侧面观察导线。可是即便如此，他仍未发现异常。于是，他高声向下面的同事反馈。

张永坚定的态度没有丝毫动摇，他冲老线路工大声说道："继续往上爬，在导线上面往下看！"

听到他的话，老线路工爬到了杆塔顶端，惊喜地喊道："找到了！真的在这儿！导线上面有放电的痕迹，横担上也有放电痕迹！"

终于找到了故障点，众人松了一口气。然而，惊喜之余，老线路工们还是感到十分疑惑，便问张永是怎么判断出来的。

张永举着手中的小树枝和大家分享道："这根小树枝的

一端有轻微烧焦的痕迹。于是，我便判断它是从鸟巢上掉下来落在了导线上面，并引起了放电才被烧煳了。"

老线路工们恍然大悟，纷纷围过来观察那根小树枝，看到张永所说的烧焦痕迹后，一个个瞪大了眼睛。原来，因为小树枝没能在导线上停留，只是和导线稍微接触后就很快落了下来，所以树枝上烧焦得十分不明显。张永能注意到这么小的烧焦点并进行一系列的推断，真是了不起。

工友们纷纷给他竖起了大拇指，感叹道："张永技术全面、思维缜密，深得其师傅许启金的真传。"

一锤一锤接着敲

"干事业好比钉钉子。钉钉子往往不是一锤子就能钉好的，而是要一锤一锤接着敲，才能把钉子钉实、钉牢。钉牢一颗，再钉下一颗，不断钉下去，必然大有成效。"许启金把钉钉子精神发扬到了极致，并致力于让其传承下去。

"师傅带徒弟有口诀——'知、会、熟、精'，里面有大学问！"徒弟邱首东对师傅许启金的带徒弟方法表示由衷地佩服。

"称不上什么学问，只是我平时琢磨积累的一些工作体会罢了。"许启金笑了笑，娓娓道来，"'知、会、熟、精'是我们职业生涯的四个提升阶段。带徒弟必须让他知道，从事一个职业，首先要对自己职业岗位和角色责任有明确的认知，从'知'培养起'干一行爱一行，钻一行精一行'的对企业、对社会的诚信之心，产生强大的动力源泉——这是能力前提；其次做到'会'，是对徒弟的基本要求，需要徒弟将理论知识与实践经验相结合，徒弟要多参加实践活动，虚心请教，多学习、多动手、多动脑——这是能力体现；至于'熟'，就是在'知'和'会'的基础上，通过不断的学习、交流和反复实践，熟练掌握规程、规范和标准，能够熟练操作各种工器具和设备，做到得心应手、能够自然反应——这是能力提升；最后达到'精'，就是在'熟'的基础上，不断拓展和改变对过去传统经验的认知和行为，善于总结、善于创新、善于提高，习惯'精益求精'，实现由'爱岗敬业'的量变到'爱岗精业'的质变——这是能力升华。"

积累了多年的工作经验和带徒经验，许启金不着痕迹地将职业生涯中的"传承、修炼、创新"三大过程融入"知、会、熟、精"四个提升阶段之中，开辟了一条高效率、高质量的带徒之路。

许启金带徒弟用心用情，把徒弟们当亲人，这也是他在自己的师傅带他时感受到并学习到的。

许启金的师傅是个沉默寡言却十分温暖的人。师傅不会讲什么大道理，不仅手把手地向他传授知识技能，还在日常工作中很照顾他。有一次，师傅带他一起去维修。正要穿过一片水田时，师傅突然走到他身前，马步一扎，双手撑在大腿上，背往前一倾，说："上来。"许启金顿时有点摸不着头脑，便愣在原地没动。"快点，别磨叽。鞋沾上泥了，爬杆容易打滑。"师傅语气不太柔和地催促道。那天，师傅背着他蹚过了一整片水田。

之后，许启金自己带徒弟时也实实在在地做到了真心换真心。他不仅教徒弟们真知识、真本领，还教他们如何做人。他告诉徒弟们：遇到了难题，一定要找方法，而不是找借口。要想成就一番事业，必须肯钻研、能坚持、不懈怠，就像钉钉子一样，要一锤接着一锤敲。有时，为了解决一个难题，要耐下性子反复论证。即使会经历多次失败，也不要

⊙ 许启金（中）和徒弟在工作室研究输电线路三维模型

⊙ 许启金（前排左二）指导徒弟使用无人机巡视电力线路

轻言放弃，因为每一个想要放弃的时刻，都是关键时刻。度过这些时刻，自己就成长了。

许启金当师傅有心得，当老师也很称职。他引导青年人继承、发扬劳模精神、工匠精神，戒掉浮躁情绪。和学生们交流时，他讲得真、讲得实，学生们都很有收获。

2019年初，许启金被聘请为中国人民大学校外辅导员。每次与学生们联合开展社会实践活动前，许启金都会认真备课。他给学生们讲他和工友们如何在野外巡线、在杆塔上检修、在高压线上带电作业，讲他如何培养徒弟、带领团队搞创新、解决生产技术难题。不仅如此，他还带着学生们体验野外巡线，观摩带电作业操作项目，参观职工的创新成果。

站在"象牙塔"尖上的学子们通过许启金分享的工作经验与感悟，对钉钉子精神有了真切体会：专注一个专业，要有耐性，久久为功；专注一项工作，要有钻劲，做到极致。"干一行爱一行，钻一行精一行"，有了这种韧劲儿，任何事情都可以做好。

"稳扎稳打，锲而不舍，久久为功，玉汝于成"作为许启金的真实写照，使其无愧为钉钉子精神的杰出传承者与弘扬者。

创新领航，共铸辉煌

一开始，许启金在他的"阳台工作室"一个人搞创新。后来，他带着一个班组搞创新。许启金所带的班组是公认的"加强班""尖子班"，连续十一年获得"模范班组"的称号，涌现了多位"中央企业知识型先进职工""科技标兵""全国电力行业技术能手"……许启金带着这帮年轻人，一起埋头开展技术创新和发明，解决操作现场遇到的难题，甘之如饴、乐在其中。

2010年，公司以许启金的名字成立了工作室。从当初不足五平方米的"阳台工作室"搬到如今五百平方米的现代化"启金工作室"，许启金的创新发明想法有了更大的发挥空间。

看着工作室里添置的各式各样的创新工器具，看着徒弟们专注的神情和忙碌的身影，看着墙上渐渐挂满了自己和徒弟们的荣誉证书、奖牌和照片，许启金感慨万千。

自启金工作室成立以来，在公司和各级领导的支持帮助下，许启金和他的团队更是抓住机遇，进步巨大、硕果累累。启金工作室承载了许启金和他的团队的辛勤努力和卓越追求，先后被授予"全国示范性劳模创新工作室""国家级技能大师工作室""中国长三角地区劳模工匠创新工作室"等称号，两次获得安徽省技能大师工作室人才培养成果奖，已完成技术革新成果一百多项，其中八十八项获得国家专利。

如今，工作室的团队日益壮大。在许启金的精心培养下，工作室已形成了一支有"70后""80后""90后"阶梯递进的业务精英团队，成长为集"创新实践""师徒传承""汇聚能量"三大高地于一体的综合性平台，从"树旗帜"到"重传承"，真正为职工提供了创新创效的舞台、展示才华的平台。

为了让更多人亲临其境，深入了解创新的价值与成果，公司每年都组织新入职员工到启金工作室进行学习和观摩，并且开展入职教育活动。通过实地参观和交流，新入职员工们不仅可以更好地融入工作环境，了解公司的文化和理念，还能够更加直观地体会到创新对于企业发展的重要性，由此产生对工作的热情和动力。

学校的寒暑假期间，公司还会组织职工子女参观工作室，让他们能够近距离接触创新和创意活动。在这里，孩子们可以目睹各种令人惊叹的创新成果，还有机会参与一些简单的创新实践活动，由此可以更好地理解和感受到劳动的意义，体悟到劳动光荣的内涵，萌发对科学技术的兴趣和热爱。

许启金以无限的激情和不懈的追求完善着自己，一如既往地坚持求实创新、勇攀技术高峰、培养创新人才，使启金工作室成为公司茁壮发展的重要支撑，为公司的技术进步提供了坚实的基础。

战略目标所向，责任使命必达

2020年5月16日，国家电网有限公司举行战略目标深化研究座谈会，特邀许启金出席并作交流发言。

当时，作为奋斗在一线三十八年的国网老职工，许启金对国家电网有限公司党组提出建设"具有中国特色、国际领先的能源互联网企业"的战略目标深有感悟。凭借着多年的工作经验和学习体会，他发表了自己的见解："具有中国特色"是根本，"国际领先"是追求，"能源互联网"是方向，三位一体，彰显了国家电网公司的政治本色、行业特色和发展角色，也构成了指引公司发展的航标，具有丰富内涵。

国家电网公司决策者站位高，看得远，有态度，有温度，有梦想，有追求。在战略目标的引领下，国家电网公司就是要做始终听党的话、永远跟党走的红色企业，就是要做服务人民、有温度、有情怀的人民企业，就是要做为国家争光、为民族争气、基业长青的责任企业。

许启金在发言最后表示，战略目标的实现，需要人才支撑和实际行动。为此，他将继续带领团队扎根一线，用实际行动践行"人民电业为人民"的企业宗旨，讲好"国网故事"，彰显"国网责任"，在实现战略目标征程中干出精彩……

"启金的发言很好，对战略目标最大的拥护就是干，结合工作实际干，把自己摆进去干，这很好！"许启金的发言得到了公司领导的肯定。

许启金是个行动力强且事事有着落的人，他对于战略目标的深入理解和贯彻落实并未止步于此。会后，他继续深入学习领悟并认真准备材料，主动参与到党支部的宣讲活动之中，在各个党支部积极宣讲国网公司的战略目标。在不断的学习和交流中，对战略目标在国家电网宿州供电公司落实落地提出了自己的思考。

他说："战略目标所向，责任使命必达。"党员同志一定要带头示范，进一步统一思想、凝心聚力，以坚强的党性不折不扣地将国家电网战略目标落到实处，以新的作风、新的形象、新的担当共同推动公司发展迈上新台阶。在具体行动上，要深入践行省公司"敢为人先、实干在先、创新争先"的工作理念，以"严细实快"工作作风为保障，以"三个强化"（即强化常态工作精益开展、强化重点工作项目推进、强化风险工作规范防控）为管理要求，持续全力打造"四个宿电"（即安全宿电、坚强宿电、满意宿电、幸福宿电），着力打基础、补短板、利长远，以钉钉子精神有序有力推进各项工作不断取得进步。

于许启金而言，所获的成就和表彰从不是终点，而是一个个新起点。他始终奔跑在努力超越、追求卓越的路上，不断进行思考与总结，对自己提出新要求、树立新目标。

不忘初心，常怀豪情，终得梦圆。

第四章 信仰照初心，永远跟党走

扫码解锁

◎群英颂歌◎技术楷模
◎电网护航◎奋斗底色

"我向党组织保证：我将立足岗位，干好本职工作。把工作做到一流，做到最好，就是我一生的追求。"

许启金1995年入党，从此，入党初心便指引并激励着他不断奋发进取，使他始终保持高度的责任感和使命感。

2016年4月，许启金与全国知识分子代表、劳动模范和青年代表共七十多人，受到习近平总书记的亲切接见。

2017年10月，许启金走上党的十九大首次设立的"党代表通道"，向全世界自信展示了国家电网员工的良好精神风貌。

2017年11月，许启金光荣地当选第六届全国敬业奉献道德模范，再次受到习近平总书记的接见。

2019年10月，许启金受邀参加庆祝中华人民共和国成立70周年大会……

一段段经历串联起许启金作为一名共产党员的光辉履历，那是他用每个紧跟党走的平凡日子写就的。他时刻以优秀党员的标准严格要求自己，将全心全意为人民服务内化于心、外化于行。

在工作岗位上，许启金时刻牢记自己的党员职责，勇于奋斗、锐意进取，以严谨的态度与卓越的成就履行着自己的承诺。日常生活中，他也自觉肩负起党员的责任与使命，积极参与爱心公益事业和志愿活动，在社会和国家有需要的时候冲锋在前。

他不仅在工作岗位上成了同事的楷模，还成了广大人民群众和党员的榜样，展现了共产党员的风采和担当。

一辈子记牢，一辈子坚持做到

2016年4月26日下午两点半，许启金与全国知识分子代表、劳动模范和青年代表共七十多人，走进合肥市中国科学技术大学图书馆座谈会的会场，受到习近平总书记的接见。

尽管许启金早已为此次汇报工作做足了准备，但此刻激动之余还是不免有些紧张。他深知，此次会面是一次宝贵的经历，更是对自己工作的一次检验。

轮到许启金发言时，他深吸了一口气，调整好心态，便开始行云流水地汇报他是怎样立足岗位干好本职工作的、怎样带领团队研发技术使其成果解决技术难题的、怎样带徒弟为企业培养人才的……谈及工作相关的内容，那股对工作的责任感与使命感让他成为会场唯一一个脱稿的发言人，他讲得铿锵有力、掷地有声，越讲越自信，越讲越顺畅。

每日在艰苦和危险的环境中辛勤工作，执行着单调乏味且看似没有尽头的任务，承受着身体上的疲惫和精神上的压力，却往往只能得到微薄的报酬……这或许是许多人对工人所从事的基础工作的认识，与当代青年对"体面"工作的期待大相径庭。

然而，许启金让工人的形象脱离了人们的刻板印象。工作中的辛酸苦楚无须美化，许启金在尝尽了多数人不愿去体悟的艰辛后，用亲身经历证明：即使是再平凡的工作，也能做到极致，也能在职业生涯中获得实现个人价值后的成就感和幸福感。

此次座谈会结束后，许启金感慨万千。一路披荆斩棘的艰难历程在他的脑海中徐徐展开。那一张张记满了知识点的小纸条，那数十年如一日地巡查线路排除故障、在高压线上带电检修，那为发明创新做的一次次推翻与重建……一路的艰辛让人不禁感叹他是如何坚持到了今天。

终于，在泥泞的土壤里长成的大树开始结出果实，他带出了一个又一个优秀的徒弟，获得了一项又一项荣誉，发明了一个又一个专利，拥有了自己的工作室，如今被评价为"电网方面状元级的技术工人"。这不仅对许启金个人而言是莫大的荣誉和激励，更体现了党和国家对知识分子、劳动模范和广大青年的深切关怀和殷切希望。

许启金说，会上领导人的肯定和嘱托让他感到十分温暖，充满着力量，他会一辈子记牢，一辈子坚持做到。

我不仅仅代表我自己

2017年，党的十九大以更加开放的姿态欢迎中外媒体采访，首次开设"党代表通道"。六十名党代表将在党代表通道采访中直面中外媒体，回应社会关切的热点问题，旨在从对话中增进了解，在沟通中凝聚共识，为世界打开一个更近距离了解中国共产党、观察党代表履职情况的新窗口，彰显党的十九大自信、开放的会风。

2017年10月11日，许启金接到省委通知，得知自己将在党的十九大会议期间走"党代表通道"。他是安徽省唯一一个走"党代表通道"的代表，也是国家电网公司唯一一个走"党代表通道"的代表。"党代表通道"采访共分为三场，分别于10月18日、19日和24日开设。第一场是开幕式，十九位基层党代表于这一天出场；第二场是媒体开放日，二十位基层党代表于这一天出场；第三场是闭幕式，二十一位基层党代表于这一天出场。许启金作为"大国工匠"的代表，于第一场第五组出场。

随着日期的临近，各项工作按计划紧锣密鼓却又有条不紊地进行着。自许启金10月13日进京以来，他愈发兴奋与紧张，责任感和使命感也愈发清晰。他深知，此次走上"党代表通道"，不仅是一个莫大的荣誉，更是一份沉甸甸的责任。他不仅仅代表着他自己，代表着安徽人民，代表着优秀党员，还代表着国家电网，更代表着千千万万个勤勤恳恳建设美丽中国的人民群众。面对着中外媒体镜头，他有责任展示出意气风发、豪情满怀的良好精神风貌。

2017年10月18日，万众瞩目的一天终于到来。凌晨4时45分，许启金便已穿上笔挺的深色西装，从住所出发，到央视报道组和大家会合。

早上6时30分，许启金走进人民大会堂，那庄严而神圣的气息瞬间将他包裹起来。人民大会堂远比他想象中更壮观，高高的天花板上，华丽的吊灯散发出柔和的光芒，洒在他身上，也使整个大厅被金灿灿、暖洋洋的氛围笼罩。人民大会堂矗立在中国的心脏，聆听着亿万人民的心声。此刻，它一定能更清晰地听到许启金略显急促但有力的心跳。

早上7时30分，许启金走上党的十九大首次开设的"党代表通道"。期待已久的一刻终于到来，之前的紧张与不安反而一扫而空。他迈着稳健有力的步伐，一步步走向那聚集了无数目光的大厅中央，在中外记者的镜头前站定。在闪光灯的照耀下，他的身影显得十分挺拔，仿佛背负着不可动摇的责任与使命，让人不由自主地产生信任感。他开口发言，接受中外媒体采访，眼神直视着镜头，深邃而明亮，嘴角始终挂着淡淡的笑，亲切又得体，让人不自觉地就会用心倾听。

有人问许启金："作为安徽省和国家电网公司唯一一名走上'党代表通道'的代表，接受中外媒体的直播采访，您紧张吗？"

他坦诚地回答道："说实话，因为要面对全中国，甚至是全世界直播，我既感到激动、兴奋，又感到责任重大，心里是有点紧张的。虽说是自我介绍，但其实我所展现的形象并不仅仅代表我个人——我代表的是广大劳模。为了代表基层一线劳模更好地展示风采，既要语言朴实、表述清晰，展示自己工作的性质和特点，又要大方得体地表达自己的真情实感。"

正如许启金所说，作为基层一线党员代表，他不仅仅代表着个人。他与其他党代表一起走上党的十九大首次设立的"党代表通道"，代表着各行各业兢兢业业的劳动者，充分展现了他们昂扬向上的精神风貌。

通过镜头，党代表们同心协力，也各展风采，让全中国、全世界的人民都感受到了百年大党的初心使命与蓬勃朝气，体会到了中国共产党与人民相通的诚意、与世界相连的决心。

跟党走，伟业照千秋，民欢悦

2017年10月18日上午9时，举世瞩目的中国共产党第十九次全国代表大会在雄伟庄严的人民大会堂隆重召开。习近平总书记代表第十八届中央委员会向大会作了题为《决胜全面建成小康社会　夺取新时代中国特色社会主义伟大胜利》的报告。

那天，许启金在现场。报告全程三个半小时，他听得热血沸腾，久久不能平静。

"高铁、公路、桥梁、港口、机场等基础设施建设快速推进。"

"天宫、蛟龙、天眼、悟空、墨子、大飞机等重大科技成果相继问世。"

"今天，我们比历史上任何时期都更接近、更有信心和能力实现中华民族伟大复兴的目标。"

报告过程中，人民大会堂内一次又一次响起的热烈而持久的掌声，是代表们对报告中总结的辉煌成就与描绘的宏伟蓝图的深度认可与热烈期盼。与会者一致认为，党的十九大报告高瞻远瞩、立意深远，主题鲜明、布局清晰，提振人心、激扬斗志，明确了决胜全面建成小康社会的重大任务，开启了全面建设社会主义现代化国家新征程，指明了中华民族伟大复兴的前进方向，是一篇具有全局性、战略性、前瞻性的纲领性文献。

历史的车轮滚滚向前，见证了中国经历的翻天覆地的变化——经济快速增长，科技日新月异，社会全面进步，人民生活水平显著提高……均离不开一名又一名"大国工匠"在各自的领域内精耕细作。他们不懈追求的、精益求精的工匠精神，铸就了今天中国的辉煌成就。

10月19日晚，许启金有幸与其他党的十九大代表一同参观了北京展览馆"砥砺奋进的五年"大型成就展，更加直观地看到了党的十八大以来党和国家发生的历史性变革。

"咱们国家这五年真是取得了不少成就！"

"我为祖国感到自豪！"

"中国梦一定能实现！"

参观者纷纷为祖国五年来的辉煌成就所震撼。一句句发自肺腑的喝彩与祈愿不绝于耳，汇聚成一股强大的精神力量，终将感召着更多人为实现中华民族伟大复兴的目标而奋斗。

几天的行程让许启金深度参与到党和国家的重大活动中，深刻领略到了祖国的蓬勃发展和光明前景，并由此感受到了前所未有的热血沸腾与心潮澎湃。他为祖国感到骄傲，为自己身为中国人感到自豪，与之一同迸发的，是强烈的责任感与使命感。灵感在他飞速运转的头脑中乍现，为此，他利用处理完工作后的两个深夜填了一首词，题为《满江红·十九大感怀》。

满江红·十九大感怀

背负三山，穹苍下、九州寒彻。吹号角，点燃星火，烽烟岁月。夺目红船航向远，投身革命洪流热。新时代，史册载英名，慰忠烈。

东方白，凌辱别。长征路，翻新页。感怀强国梦，复兴时节。墨子神舟天际外，蛟龙探海前程阔。跟党走，伟业照千秋，民欢悦。

许启金说："我就是想表达，没有共产党就没有新中国；没有共产党的领导就没有中国今天的辉煌成就。我就是想抒发我的肺腑之言——信仰照初心，永远跟党走。"

此后，许启金将诸多心得体会仔细梳理。10月20日上午，他在党的十九大安徽代表团讨论会上发言，内容便是结合党的十九大报告和自己的工作，就新时代实现社会主义现代化和中华民族伟大复兴，新时代产业工人如何发挥好作用谈感想、谈体会、谈认识。

他表示，新时代的产业工人肩负着历史赋予的重任，必须以更加饱满的热情和更加扎实的技能贡献自己的力量。同时，他也呼吁广大产业工人要勇于创新、敢于担当，始终保持对职业的热爱和追求，紧跟时代步伐，不断学习新知识、掌握新技能。最后，他表示将认真贯彻落实党的十九大精神，以更加昂扬的斗志和更加扎实的工作作风，为实现社会主义现代化和中华民族伟大复兴贡献自己的智慧和力量。

发言完毕，全场掌声雷动。

许启金的此次发言还被刊登在10月23日的《安徽日报》上，题目就是《信仰照初心，永远跟党走》。

⊙ 党的十九大期间，许启金接受媒体采访时留影

你可以在中国到处走走看看

党的十九大期间，随处可见中外记者们扛着数斤重的设备穿梭于人群之中，积极与参会人员进行友好交流互动。

作为党的十九大代表，许启金在京期间经常会接受中外记者的采访。每次接受采访时，许启金总是笑容满面地与记者们分享自己的心得与见闻。他想，自己不仅要做党的十九大的见证者，也要做好传递者，竭力为世界了解中国如今的蓬勃发展与繁荣昌盛提供窗口，向世界呈现更加真实、立体、全面的中国形象。

一次，一家国外媒体采访他："十八大以来，中国有哪些变化？"

许启金回答道："你可以在中国到处走走看看，中国的蓬勃发展肉眼可见。"接着，他补充道，"高铁、高速公路贯通东西南北，老百姓出行更方便了；电网纵横交织，老百姓用电更方便了。城市变漂亮了，乡村变美丽了，老百姓生活越来越富裕了。"话语之间，满是自豪。

会议期间，除了经常和中外记者们进行交流互动，许启金每日都会和来自各地的代表们紧密交流。代表们平时都很忙碌，每天都要看文件、看资料、写体会、写记录，总是工作到很晚。虽然如此，代表们还是一有时间就聚在一起交流。吃饭时间是代表们交流最多的时候，他们热情洋溢地分享了许多自己家乡近年来的巨大变化，喜悦之情溢于言表。他们推心置腹、侃侃而谈，充分交流心得、分享感悟，互相学习、其乐融融。

10月26日早，许启金结束了党代会期间在北京的全部行程，当日便乘坐高铁返程，于中午回到了合肥。一下高铁，他便马不停蹄地赶去接受省电视台采访。

下午六点半，忙碌了一天的许启金终于回到家，多日不见的家人们早已等在餐桌旁。一家人围坐在一起，热络地聊起近日的新鲜事。家人们都对许启金在党代会期间的经历好奇不已，催着他分享自己的见闻。许启金便开始声情并茂地讲述起会议的盛况、代表们的讨论以及个人的感受和思考。

家人们聚精会神地听着，不时发出赞叹和感慨。

由此，许启金体会到了家人们对他在京参加党代会期间所见所想的好奇与期待。晚饭后，许启金回到房间独自梳理党的十九大会议精神及自己的所见所感。他意识到，要尽己所能带动更多的工人和青少年贯彻落实党的十九大会议精神，同时认识到自己在实现社会主义现代化和中华民族伟大复兴进程中所能发挥的作用。

于是，许启金转天回到公司以后，便在第一时间向身边的党员群众传达党的十九大会议精神及自己的心得体会。他讲得真挚，以在实际工作中的切身体验为例，深入浅出地阐述了如何践行会议精神。他还向大家分享了自己作为党员代表的所见所感，鼓励党员们要以身作则，不断提升自身素质和能力，在实际工作中发挥模范带头作用，为实现中国梦做出积极贡献。

许启金的分享引发了同事们的强烈共鸣，大家纷纷积极发表见解，探讨如何更好地践行会议精神，为推动中国特色社会主义事业发展贡献力量。大家踊跃地发言和探讨着，一切都充满着生机与希望。

心中有一盏灯

"恪尽职守，你们彰显责任如山使命如天，铸就岗位奉献的丰碑。你们忠诚勤勉、精益求精、为国铸剑、为民服务，将事业做到极致，把平凡化为传奇。你们志在高山之巅，挺起民族复兴的脊梁，向你们致敬。"这是许启金于2017年当选全国敬业奉献道德模范时，颁奖仪式上的颁奖词。

自工作以来，许启金始终坚守在工作岗位上，以高度的责任感和使命感对待每一项任务。即使是最基础的巡查线路排除故障、在高压线上带电检修，他也干出了心得，干出了体会。他立足岗位搞发明创新，始终保持着对工作的热情和专注，不断追求卓越和进步。他的事迹值得被更多人看到。

当选第六届全国敬业奉献道德模范，使许启金十分荣幸地再次受到了习近平总书记的接见。

11月17日上午9时30分，全国精神文明建设表彰大会在人民大会堂如期举行。时隔一个月，许启金再次来到了人民大会堂，心中的激动之情有增无减。金色大厅暖意融融，参加全国精神文明建设表彰大会的600多名代表齐集于此，精神饱满、笑容洋溢，与领导人交流互动。

11月17日晚上8点整，第六届全国道德模范颁奖仪式正式开始。第六届全国道德模范共58个名额，有62人参加颁奖，其中4对是夫妻。同时，还有265人被授予提名奖。全国道德模范分为助人为乐、见义勇为、诚实守信、敬业奉献、孝老爱亲五大类，许启金是全国敬业奉献模范。

"见贤思齐，崇德笃行"，那几天，许启金接触了许多道德模范。他们热切交谈、互相学习，许启金对他们的英雄壮举和高尚行为心生敬仰之情。在全国道德模范中，有一些人为了党和国家事业，为了救助他人，献出了宝贵生命。这些道德模范的奖章由他们的亲人代为领受，但他们的精神将永远留在人们的心中，感召和激励着更多人投身社会文明的发展进程。

当选全国道德模范对许启金的生活有什么大的改变吗？似

乎没有，他依然保持着谦逊和低调，每日做好自己的本职工作，满脑子的发明创新。但要说真的没有，也不是，他有了更多体悟，也对自己有了更高的要求，希望通过自己的实际行动来影响和激励他人，并且真真切切地为群众服务。

他说，他深切感受到了共产党员要有"舍""得"精神。所谓"舍"，就是奉献；"得"，就是让群众满意，就是给党旗增辉。"舍"和"得"是共存的。

他说，作为一名道德模范，他将继续带头践行社会主义核心价值观，把中华儿女助人为乐、见义勇为、诚实守信、敬业奉献、孝老爱亲精神品质和高尚行为传递下去，发扬光大。

他说，作为共产党员，心中要有一盏灯，照亮了别人，也照亮了自己。

时代的荣光无比耀眼

在庆祝中华人民共和国成立70周年大会上，许启金站在观礼台上，望着五星红旗迎风飘扬、人民英雄纪念碑巍然耸立、人民大会堂雄伟庄严，仿佛穿越了时空。

七十年来，在中国共产党的领导下，中华儿女凝聚起磅礴力量，共同推动着时代的车轮滚滚向前。从民族独立到国家富强，再到如今追逐"两个一百年"奋斗目标，为实现中华民族伟大复兴的中国梦而奋斗。一个声音在许启金的脑海中浮现：没有共产党，就没有新中国；没有共产党的领导，就没有中国今天的辉煌成就……

礼炮声声，把许启金的思绪拉回到现实。蓝天白云下，激昂振奋的国歌在耳畔响起，冉冉升起的五星红旗在空中飘扬，让他感到无比激动与自豪。

现场人流如潮，老年人满脸皱纹但眼中充满坚毅，青年人神采飞扬，脸上洋溢着对未来的向往。他们意气风发、豪情满怀地挥舞着国旗，那是祖国如今的繁荣昌盛最生动的体现。

祖国七十年的风雨兼程和跌宕起伏如同一部壮丽的史诗，在许启金的心中翻涌，与此情此景交织在一起，让他心潮澎湃、思绪万千。

"没有任何力量能够撼动我们伟大祖国的地位，没有任何力量能够阻挡中国人民和中华民族的前进步伐。"铿锵有力的声音从天门城楼上传来。那是激荡五湖四海的时代强音，让中华儿女热血沸腾、充满信心和力量，听得许启金热泪盈眶。

大会现场，许启金处于劳动模范、道德模范、双百人物一区。他的位置很好，就在长安街边上的东观礼台，阅兵仪式能看得很清楚。迎着金色的朝阳，检阅车沿着宽阔的长安街徐徐前行。当检阅车从许启金面前驶过时，他和周围人的目光紧紧追随着，纷纷激动地高喊："主席好！"

那一刹那，时代的荣光无比耀眼。他再也抑制不住内心的激动，热泪如泉涌而出，浸润着他对祖国的深情厚谊，满载着他对祖国的由衷祝福。涟漪般的热泪仿佛化作一股力量，充盈着他对伟大祖国七十年来风雨兼程的感慨，连带着对无数先辈们为国家建设默默奉献的敬意。

他沉浸于大会现场的欢愉，为人民群众浓烈的爱国主义热情和对中国共产党的无限忠诚所动容。"激动、震撼、自豪、责任"就是他当时心情的真实写照。满怀着昂扬向上的激情，他即兴写下了一首诗：

红旗猎猎九州擎，

擂鼓声催号角鸣。

锦绣中华强国梦，

千秋伟业共前程。

大会活动结束后，思绪又把他带到对过往的反思和对未来的畅想中。

丹心写忠诚，热血筑丰碑。他想，作为党员，就是要坚定理想信念。组织交给自己的任务，要义无反顾地履行，全身心地投入，尽心尽力、不折不扣地做好。

各行各业的劳动者都推动着社会和国家的发展，要把对党的绝对忠诚和铮铮誓言书写在工作岗位上，要做到甘于吃苦、乐于奉献，才能无愧于党员的身份。

作为一名一线电力工人，许启金的日常工作便与老百姓的日常生活息息相关。他把"全心全意为人民服务"落到实处，在杆塔上检修，在高压线上带电作业，做好本职工作，保障电网安全运行，把光明和电力送进千家万户，让老百姓用上放心电，这就是他用实际行动报效祖国，用业绩向祖国献礼。

如今，特高压电网已经建成，取得了令世界瞩目的成就。劳动者们还将为国家电力事业接续奋斗，实现"三型两网，世界一流"战略目标，为实现中华民族伟大复兴的中国梦贡献智慧和力量。

向为国家电力事业奉献了一生和仍在奋斗的人们致以崇高的敬意！

向为党和国家事业奉献了一生和仍在奋斗的人们致以崇高的敬意！

群众无小事，点滴暖民心

社会的温度，不仅要依托宏伟蓝图，更要让群众能够感受到真心关爱。在这个世界上，有那么一群人，他们把群众的小事当大事办，用点滴的关爱温暖着千家万户。许启金便是其中之一。

　　作为一名党员，许启金深知自己的责任与义务。他自觉发挥带头作用，积极参与"党员进社区""党员带头志愿先锋"等爱心公益事业。他踏遍了社区的每个角落，关心着那些身处困境中的群体，传递着温暖与希望。

　　他与宿州市城隍庙社区二十户群众结对，这些群众包括贫困群众、残疾人、空巢和孤寡老人、留守儿童、低收入家庭等各种困难群体。此外，许启金还常常探望老党员、老干部、老模范、老战士、老教师"五老"群体，不仅给他们带来生活上的物质支持，还给予他们真真切切的关怀与陪伴。

　　一直以来，许启金日常走访结对联户，帮助他们解决各种生活难题。他不仅给困难群体送去帮扶慰问金，还会给他们带去牛奶、鸡蛋、米面油等日常生活用品，在确保满足他们基本生活需求的基础上，尽量帮助他们提高生活质量。在各个重要的传统节日里，许启金也不会忘记给这些困难群体送去节日的问候。他在端午节时带着粽子去探望他们，在中秋节时带着月饼去拜访他们，让他们感受到满满的节日欢悦与温暖。在社区群众眼中，许启金早已成了自家亲人般的存在。

除了日常的关心和慰问，许启金还做出了更大的努力——他特别关注那些因经济困难而无法承担教育费用和医疗费用的群体。他资助了多名困难学生完成学业，鼓励他们追求自己的梦想。他还资助了多名有健康问题的群众进行治疗，帮助他们回归正常生活。他的关怀和帮助不仅仅给困难群体的生活质量带来改善，更重要的是唤醒了他们对生活的热爱和对未来的憧憬。

此外，许启金充分发挥自己的专业知识和技能，为贫困户提供了可靠的用电保障。近年来，针对宿州市359个贫困村存在的用电安全隐患，国家电网宿州公司党委全面启动了用电隐患排查整治专项行动。由许启金带领的"启金共产党员服务队"就此成立，聚焦于台区设备、线路及电表箱、电表、进户线等方面的安全检查。他们走村入户，进行拉网式排查，检查三级漏电保护是否及时安装、可靠运行，确保对所有潜在隐患进行全面排查。以"启金共产党员服务队"为主体的队伍已完成54万余户家庭用电安全隐患排查整改，免费为4600余户贫困户安装漏电保护器，累计消除安全隐患16985起，进一步筑牢了贫困村安全用电屏障。

"感谢党，感谢供电公司，刚搬了家，就来给我换新电线。"萧县毛郢孜社区贫困户黄允太老人激动地说。2020年7月中旬，当"启金共产党员服务队"走访到黄允太老人家时，发现了临时安置房室内存在的老化线路可能会带来安全隐患。他们当即采取行动，对隐患进行了整改处理。

如今，许启金团队进行的公益事业如同一棵参天大树，为许许多多的人带去了荫凉与庇护。事实上，这份爱心很早便埋下了种子。

最初，他参加了宿州团市委举办的"圆梦大学"活动，每年都会出资帮扶贫困大学生。看着他资助的孩子们成长成才，他由衷地感到欣慰与幸福。同时，他也感受到了为社会做一些力所能及的贡献所带来的成就感与满足感。从此，他便一发不可收地醉心公益事业。

后来，许启金渐渐发觉，个人的力量终究是单薄的。于是他积极参与全国"四个100最佳志愿服务项目"——"光明驿站"公益品牌代言活动，希望能呼吁更多人加入关爱留守儿童的队伍。意想不到的是，真的有很多人受到他的影响而参与到公益事业之中。他备受鼓舞，深刻感悟到自己应再接再厉，充分发挥党员的带头作用，并号召身边更多的人为社会的发展和进步贡献自己的力量。从此，许启金将关爱留守儿童、关爱残障儿童、关爱社会弱势群体、关爱社会公益事业看作自己的分内之事。

多年以来，许启金用实际行动展现了党员的责任与担当，为推动社会和谐发展、促进困难群体的幸福生活做出了突出的贡献。他的真诚、友善和无私奉献深深影响着周围的人，激励着更多的人参与公益事业。

在许启金的引领下，社区党员群众团结一致、共同努力，营造了温暖互助和共同发展的友好氛围，促进了社区的和谐发展，为建设美好社会做出了积极的贡献。

扫码解锁

◉群英颂歌◉技术楷模
◉电网护航◉奋斗底色